MACH SCHULDEN
UND
WERDE REICH

Gespräche über Immobilien

von
ImmobilienAdvisor
Tayfun Taylor

Verleger:
Taylor Projektentwicklung GmbH
An der Aue 8
31020 Salzhemmendorf

MeinImmobilienTipp.de
Taylor-Projektentwicklung@mailbox.org

Herausgeber: Tayfun Taylor
Buchcover: Claudia Sperl

~

Dieses Buch widme ich allen Eigenheimbesitzern in Deutschland. Sie hatten und haben den Mut diesen wichtigen Schritt in eine bessere Zukunft zu gehen.

Wenn Sie zu denen gehören die jetzt sagen:
„hätte ich mal vor zehn Jahren",

dann sage ich Ihnen:
„Jetzt ist genau der Zeitpunkt an dem Sie in zehn Jahren sagen werden: Hätte ich mal vor zehn Jahren…"

~

INHALTSVERZEICHNIS

Kennenlernen – eine Art Vorwort	7
Warum ich ImmobilienAdvisor wurde – Und was Sie davon haben!	17
Geld ist nicht alles, aber ohne Geld ist alles nichts	29
Warum Immobilien? – Ein persönliches Gespräch	39
Das Geld und ich, oder „Liebe" auf den zweiten Blick	79
Worauf noch warten – warum Leute keine Immobilien besitzen	91
Wo fange ich an? Eine Standortbestimmung	123
Money, money, money – So gelangen Sie an den besten Kredit	129
Ein Job ist ein Job ist eine Chance	149
Jetzt geht's ans Eingemachte – Wie Sie die richtige Immobilie aufspüren und gewinnbringend renovieren	155
Schlüsselübergabe – Wie finde ich den richtigen Mieter?	203
Der 10-Jahres-Masterplan – So werden Sie selbst zum ImmobilienAdvisor	209

Kennenlernen – eine Art Vorwort

Guten Tag hochverehrte, der geschriebenen deutschen Sprache mächtige Person – hallo liebe Leserin, hallo lieber Leser,

als ehemaliger Lehrer freut es mich ungemein, dass Sie mal wieder ein Sachbuch zur Hand nehmen, bzw. sich ein E-Book auf Ihr Endgerät herunterladen.

Man hört ja bekanntlich nie auf zu Lernen. Und dass Sie sich aktiv um Ihre finanzielle Absicherung Gedanken machen, ihr Glück selbst in die Hand nehmen möchten, begrüße ich darüber hinaus!

Wenn Sie erlauben, stelle ich mich Ihnen mit meiner Geschichte in aller Kürze vor: Nachdem ich in wirtschaftlich überschaubaren Verhältnissen als Sohn eines Migranten und einer alleinerziehenden Mutter aufwuchs, zog es mich nach dem ehrgeizig angestrebten Abitur unaufhaltsam in einen möglichst sicheren Job hinein.

So wurde ich verbeamtet – und glaubte, nicht nur vorbildlich integriert zu sein, sondern gleichzeitig den Paradeweg eines anständigen Bürgers eingeschlagen zu haben.

– Hier könnte meine Geschichte eigentlich enden. Seht ihn euch an! Wie viele Lehrer mit Migrationshintergrund kennen Sie? Erschreckend wenige?

Na, das wäre ein Thema für sich.

Als Referendar unterrichtete ich auf diese Weise – als Exot, aber gut gelaunt – ein paar Monate vor mich hin. Neben der lehrenden Tätigkeit blieb genügend Spielraum, mir Gedanken zu machen. Und so gelangte ich schließlich zum entscheidenden Punkt, der da lautete: Ist. Das. Alles.

Das ‚Gütesiegel' des staatlich geprüften Lehrers, dass ich kurz darauf erhielt: schön und gut! Aber steckte nicht mehr in mir, hatte ich nicht mehr Potenzial?

Verbeamtet = Feierabend?

Keine Frage: Es ging mir nicht schlecht – doch reich oder finanziell unabhängig würde ich als sprechende Kreidehalterung hinter dem Pult nicht werden.

Und so spann ich meine Geschichte weiter, als ich eines Tages den Entschluss fasste, die Dynamik auf dem Immobilienmarkt zu meinem Vorteil zu nutzen. Da war nichts Großartiges dabei. Ich besorgte mir einen Kredit und kaufte praktisch von heute auf morgen eine Eigentumswohnung, die mir als Investition in meine Zukunft lohnend erschien – gegen den einhelligen Rat von aufgescheuchten Kollegen und besorgten Freunden!

„Du kennst dich nicht aus! Wie willst du in der Bude später eine Familie unterbringen? Das fliegt dir um die Ohren – lass es lieber sein!" Vielleicht sind Ihnen diese oder ähnliche „Tipps" vertraut, mit denen ahnungslose Skeptiker rasch zur Stelle sind?

Knappe 10 Jahre später – und um viele Erfahrungen reicher – besitze ich derzeit fünf Immobilien, aus denen ich Mieteinnahmen beziehe.

Ich bin finanziell unabhängig.

Den Job als Lehrer habe ich gekündigt. Sie erinnern sich – die so erstrebenswerte Verbeamtung auf Lebenszeit? Habe ich in den Wind geschlagen!

Ha, so bekloppt kann auch nur ein Türke sein – denken Sie, geschätzter Leser, da vielleicht?

Ich darf bescheiden behaupten, ich war mir meiner Sache von Anfang an recht sicher – der ach so verwegene Plan vom passiven Einkommen, der unerhörte Wunsch nach finanzieller Unabhängigkeit ist voll aufgegangen, wahr geworden.

Und nun kommen *Sie* ins Spiel!

Denn das Drauflosplaudern wie ein Lehrer habe ich bis zum heutigen Tag nicht verlernt – allerdings brauche ich kein Blatt mehr vor den Mund zu nehmen. Lieber unterhalte ich mich in dem Ton mit Ihnen, wie er unter – einander vom ersten Moment an sympathischen – Urlaubsbekanntschaften angeschlagen wird, wenn Sie gestatten?

Aufgeblasene, gekünstelte Ratgeber zum Thema Vermögensaufbau gibt es schließlich schon in Hülle und Fülle – nur lassen einen diese in Schrift gepresste Aufputschmittelchen schlussendlich mit dem Gefühl zurück, am Ende doch alles irgendwie allein stemmen zu müssen? Das praxisrelevante „Wie-geht-das-ganz-konkret-Schritt-für-Schritt?" kommt dabei in meinen Augen oft zu kurz.

Hier kommt mein Alternativvorschlag: Ich erzähle Ihnen einfach geradeheraus alles rund um Immobilien, was ich in den letzten 10 Jahren gelernt habe. In klarer Sprache und immer ergebnisorientiert. Besser noch – ich lasse Sie teilhaben an ganz realen Gesprächen, die ich tagtäglich mit Freunden, Bekannten, Freunden von

Bekannten über die einschlägigen Aspekte zum Thema führe. Authentisch, konkret, relevant: vom Finanzierungsgespräch bei der Bank, über die Suche nach dem geeigneten Objekt und der Renovierung desselben, bis hin zum erfolgreichen Wiederverkauf, oder der Vermietung, oder der Eigennutzung – oder, oder, oder!

Zum Schluss werden Sie vollständig im Bilde sein, verlässlich informiert und vorbereitet, um ihr individuelles Vorhaben auf dem Immobilienmarkt zu realisieren. So werden Sie dem Traum von der finanziellen Unabhängigkeit nicht nur ein großes Stück näherkommen – Sie werden ihn wahr werden lassen. Ich werde Sie weder überfrachten mit nebensächlichem Ballast, noch Ihnen falsche Tschaka-du-schaffst-das-Mantras in die Stirn hämmern. Ich werde Ihnen einfach auf verständliche und unaufgeregte Art – Schritt für Schritt – nahebringen, wie es auf dem Immobilienmarkt läuft.

- Was Sie tun müssen.
- Und wie.
- Fertig.

Ich würde mich herzlichst freuen, wenn Sie in mir vielleicht den freundlichen deutschtürkischen Akademiker von nebenan sähen, mit dem Sie sich gerne mal – bei einem Bier – über alles austauschten, was Ihnen zum Thema Immobilien noch nicht ganz aufgegangen ist. Ungezwungen, locker – aber auf den Punkt!

Gestatten: Ich bin genau der Eine, der Sie im Laufe dieses Buches mit den praxisrelevanten Immobilien-Tipps versorgen wird, die Sie beim nächsten Grillen mit Ihren Freunden – oder nach einem Match an der Tennisclubbar – als Ihre eigenen Gedanken ausgeben werden. Kein Problem, gerne geschehen – das machen wir doch alle so.

Und sollten Sie darüber hinaus noch Fragen haben – dann rufen Sie mich einfach an, oder vereinbaren online einen Termin zu einem persönlichen Beratungsgespräch.

Sie erreichen mich über: *meinimmobilientipp.de*

Dann sprechen wir gerne im Detail über alles, was Sie in Erfahrung zu bringen wünschen – ehrlich, informativ und „off the record". Genauso wie man es eben unter netten Bekanntschaften macht, die sich vom ersten Moment an wohl gesonnen sind – in Ordnung?

Nun haben Sie sicherlich eine Menge Fragen mitgebracht – also fangen wir gleich an.

Ich wünsche Ihnen gute Unterhaltung und vor allem viel Informationsgewinn bei der folgenden Lektüre.

Herzlichst

Ihr Tayfun Taylor

ImmobilienAdvisor© (Ex-Betriebswirtschaftslehrer)

Warum ich ImmobilienAdvisor wurde – Und was Sie davon haben!

In Deutschland werden jährlich über 500.000 Immobilien an Ersterwerber verkauft, nur etwa die Hälfte der Deutschen besitzen Wohneigentum; das Geschäft mit Häusern und Wohnungen ist ein Milliardenmarkt. Und doch bleiben viel zu Viele davon ausgeschlossen. Bis jetzt!

Mit meiner ersten kleinen Wohnung öffnete sich für mich eine Tür, und zwar im doppelten Sinne. Zum einen stand ich ganz physisch in einer Immobilie, die ich von nun an mein Eigen nennen konnte, zum anderen überschritt ich die Schwelle hin zur finanziellen Unabhängigkeit. Bis dahin war es noch ein längerer Weg – es würde nicht alles glatt laufen; doch am Ende würde ich über 100 Banktermine realisiert, 1.000 Objekte besichtigt und bis zu 10.000 Gespräche über Immobilien geführt haben.

Die Faszination für das „Betongold" wurde zu meiner Berufung, es wurde mein Lebensinhalt. Wie der Mörtel in den Fugen zwischen den Mauersteinen durchdrangen meine Gedanken das Gefüge, verfestigte sich mein Wissen.

Irgendwann erkannte ich: Mir macht auf diesem Gebiet keiner mehr etwas vor!

Ich erkenne ein vielversprechendes Objekt, wenn ich es sehe. Ich weiß, wie man bei der Bank, mit guten Konditionen beginnend, am Ende exzellente Konditionen rausschlägt. Ich kriege die Objekte vermietet, die ich vermietet haben will. Und wenn ich ein Objekt abstoße, dann immer mit Gewinn.

Nun kann natürlich nicht jeder Haus- oder Wohnungskäufer auf eine vergleichbare Erfahrung zurückgreifen – wie auch? Was die Leute jedoch keineswegs davon abhält, kräftig in Eigentum zu investieren.

Der große Run auf Immobilien, er hat längst begonnen. Doch nicht für jeden verläuft das Rennen so, wie er oder sie es sich vorgestellt hätte.

Irgendwann war mir auf dem Weg, den ich beschritt, also aufgegangen, dass ich zu einem Experten für Immobilien geworden war. Nicht, weil ich einen Immobilienfonds gemanagt hätte, oder weil ich in eine Immobiliendynastie hineingeboren worden wäre. Und auch nicht, weil ich das ehrgeizige Ziel verfolgt hätte, ein Immobilienguru zu werden!

Die Expertise und die Fähigkeit andere Leute zu beraten war gewissermaßen als Nebenprodukt meiner Aktivität auf dem Immobilienmarkt abgefallen. Allerdings als ein sehr nützliches Nebenprodukt, wie sich herausstellte. Bei der Größe des Marktes und den immensen Summen, die hier umgesetzt wurden, überraschte mich Eines:

Es gibt die Objekte auf der einen und die Käufer auf der anderen Seite. Aber wie beide zueinanderfinden, gestaltet sich in meinen Augen erschreckend unprofessionell

Der sich auch in unseren Landen zunehmend verbreitende Beruf des Wedding Planners brachte mich einmal zum Schmunzeln, als ich über den absonderlichen Sachverhalt nachdachte. Da gaben Leute Unsummen für die Beratung und Organisation ihrer Hochzeit aus – zugegeben, dem schönsten Tag ihres Lebens – aber vertrauten gleichzeitig bei der Wahl und dem Kauf einer Immobilie auf das Urteil bloß vermeintlicher Experten; wie Maklern oder Bausachverständigen, die lediglich auf Teilgebieten mit Fachwissen aufwarten können.

Oder sie kauften eine Wohnung schlicht aus dem Grund, weil etwa der Schwager des Bräutigams eine ähnliche Wohnung gekauft hatte!

Ich wollte der Sache auf die Schliche kommen, und beobachtete meinen erweiterten Bekanntenkreis, stellte gezielte Nachforschungen an, wie die Leute zu ihrem Eigentum gekommen waren. Und mich überkam ein mulmiges Gefühl bei der Sache, je mehr Geschichten ich mir zu Ohren kamen.

Dem einen hatte der Vater geholfen, dem anderen hatte ein Makler zur vermeintlichen Traumwohnung verholfen, wieder andere hatten sich ihr Häuschen im Alleingang besorgt, das Bauchgefühl als ausschlaggebendem Indikator.

Um es deutlich zu formulieren: Natürlich muss es nicht hinderlich sein, sich seine erste Immobilie auf einem dieser Wege zu beschaffen! Trotzdem betone ich auch dies: Ich stehe regelmäßig in Wohnungen oder Häusern von entfernten Bekannten, und komme nicht umhin zu denken: Da habt ihr euch aber gehörig über den Tisch ziehen lassen! Oder: Das hätte man von der Raumaufteilung besser lösen können, wieso habt ihr keinen Balkon, und immer so fort.

Erkundige ich mich dann noch nach dem Ablauf und den Kosten für die häufig durchgeführte Renovierung, höre ich schnell Schauergeschichten, die es mit jedem Katastrophenfilm aufnehmen könnten.

Ich wunderte mich also einigermaßen gewaltig, als mir aufging, durch wie viel Glück, Herumprobieren oder reinen Zufall die Deutschen mitunter an ihr Eigentum gelangen

Warum können dieselben Leute beim Kauf eines neuen Autos gar nicht genug Informationen in die Finger kriegen, und weshalb lassen sie sich beim Abschluss eines Kaufvertrages für ein Objekt nahezu – tja – ‚herumschubsen' von den Meinungen anderer, dritter, die nur auf den ersten Blick der Prüfung als Experten standhalten können?

Diese Frage trieb mich eine ganze Weile um, bis sich mir die Antwort offenbarte:

Der Beruf eines Planers und Gestalters von A - Z für die eigene Immobilie existiert schlicht nicht

Einen mit allen Wassern gewaschenen Experten, dem man sich anvertraut, wenn es um die Investition in die eigene Zukunft geht. Die klaffende Lücke füllen – mal besser, mal weniger gut – Architekten, Makler, Bausachverständige, Bankberater und vor allem: Familie und Freunde. Praktisch jeder kennt jemanden, der schon etwas gekauft hat, oder etwas vermietet. Zu dieser Person geht man und holt sich ein paar Tipps. Dann hört man sich an, was einem der Makler vorschwärmt, anschließend gleicht man dies mit seinem Bankberater ab; und fertig ist der neue Immobilienbesitzer.

Und abermals: Das kann alles gut gehen – es *kann*. Aber bei dem Gedanken, wie viele Unsicherheitsfaktoren bei solch einem Vorgehen immer noch bestehen blieben, stellten sich mir förmlich die Nackenhaare auf.

Der Onkel, zu dem man beispielsweise ging, würde höchstwahrscheinlich erst ein, maximal zwei Immobilien gekauft haben. Wie viele Objekte hatte er sich angesehen? Wie viele Handwerker hatte er in seinem Leben beauftragt? Er würde einem mit Rat und Tat zur Seite stehen, selbstverständlich, nur war seine Kompetenz dummerweise nicht unendlich groß. Der Makler, der Architekt, der Bausachverständige, der Bankberater, sie alle konnten (gegen teilweise nicht unerhebliche Sümmchen als Gegenleistung) zu einem Teil des Ganzen ihre Einschätzung abgeben.

Mitunter würden sie sich auch wiedersprechen. Am Ende müsste der neue Hauskäufer allein entscheiden, abwägen – aber auf welcher Grundlage eigentlich?

Ich war felsenfestdavon überzeugt: Die Lösung lag auf der Hand.

Was die Leute doch sicherlich gerne in Anspruch nähmen – wenn es sie denn nur gäbe – wären doch die Dienste eines wirklich unabhängigen Immobilien-Experten, der ihnen zu jeder Frage Auskunft geben könnte. Fragen zu Objektsuche, Objektfinanzierung, Objektbewertung, Objektrenovierung, Objektvermietung, Objektverkauf. Bei diesem einen Experten käme tatsächlich alles aus einer Hand.

Es wäre eine Rundum-Sorglos-Betreuung – wie beim engagierten Wedding Planner. Nur, dass es hier um etwas finanziell (wie existenziell) noch wesentlich Bedeutsameres ging, als die bloße Planung eines einzelnen Tages.

Bliebe nur die Frage, wie man einen solchen Haus- und-Wohnungsexperten – mit dem man sich auf Augenhöhe über alle Belange austauschen könnte – nennen sollte?

Ich zerbrach mir eine Weile auch darüber den Kopf, bis ich etwas Passendes ersonnen hatte.

Dann schickte ich einen Brief an das Deutsche Marken- und Patentamt. Und so kam ich eines schönen Tages zu meinem geschützten Titel:

Der ImmobilienAdvisor®

Parallel dazu richtetet ich mir eine Internetseite ein, um schnell und unkompliziert mit meinen Kunden in Kontakt zu kommen. Heute biete ich auf dieser Plattform zahlreiche individuelle Beratungsmöglichkeiten, Seminare und Coachings rund um das Thema Immobilien an. Der Fokus liegt dabei immer auf: Praxisrelevanz und Verständlichkeit. Wie kommen auch Sie mit Immobilien sicher an Ihr gewünschtes Ziel? Schauen Sie gerne vorbei auf: MeinImmobilienTipp.de

Geld ist nicht alles, aber ohne Geld ist alles, was man kaufen kann, nichts

Manche Ereignisse prägen einen fürs gesamte Leben. Die Kindheit stellt bei Vielen eine wahre Fundgrube an einschneidenden Erlebnisse dar. Im Guten, wie im Schlechten. Das meiste davon vergessen oder verdrängen wir über die Jahre, aber manches lässt uns auch Jahrzehnte später nicht kalt, sobald wir daran zurückdenken.

Ich möchte Sie, geschätzte/r LeserIn, nicht mit Sentimentalitäten hinhalten. Ich bin kein Fan von langatmigem Ausholen, wenn das Wichtige zum Greifen nah vor der Nase wartet. Doch drängt sich mir da eine ganz besondere Begebenheit auf, die mein späteres Bedürfnis nach finanzieller Sicherheit so maßgeblich prägte, dass ich sie Ihnen nicht vorenthalten möchte. Ja, manchmal frage ich mich tatsächlich, ob ich mich zu einem ganz anderen entwickelt und womöglich nie die Schritte auf dem Immobilienmarkt gewagt hätte, wäre mir diese existenzielle Erfahrung erspart geblieben.

Ich denke da an den berühmten Stein, der eine ganze Lawine ins Rollen bringt. An den Flügelschlag des Schmetterlings, der einen Orkan auslöst. Oder einfach: an das verlorene Urlaubsgeld meiner Mutter.

Ich erinnere mich an diese Episode, als wäre es gestern gewesen…

~

Ich stehe mit meiner Mutter an Deck einer beharrlich schaukelnden Fähre, die uns von der Türkei nach Italien bringt. Die Sicht ist an diesem Tag ungewöhnlich schlecht, was der brütenden Hitze keinen Abbruch tut. Die Leute haben sich in kleinen, reglosen Grüppchen zusammengeschart – als schwitze es sich gemeinsam leichter. Ich blicke meine Mutter an, wie sie allein an der Reling ausharrt. Sie sieht auf die aufgewühlte See hinaus. Ich bin sechs Jahre alt. Und wir haben keinen einzigen Pfennig in der Tasche.

Mein Vater ist unten beim Gepäck und durchsucht die Taschen – nichts zu machen. Er kehrt mit leeren Händen zurück. Meine Eltern und ich sind grade auf dem Weg aus dem Türkeiurlaub zurück nach Hause.

Die alte Autofähre soll uns in drei Tagen von Çeşme nach Venedig bringen. Unser gesamtes verbliebenes Urlaubserspartes hat meine Mutter vor der Rückreise meinem Onkel anvertraut. Er wollte sich um alles Nötige kümmern: Sprit für den Wagen, Verpflegung. Jetzt sind wir auf dem Schiff gefangen, und haben – nichts.

Mein Onkel? Hatte andere Pläne mit dem Geld.

Als kleiner Junge kann ich nicht nachvollziehen in welche Bredouille sich der Onkle da gebracht hat; dass er sich genötigt sieht, meine Mutter, meinen Vater und mich so zu hintergehen? Eines weiß ich dagegen ganz gewiss: Meine Mutter hat Hunger und Durst – auch mir knurrt der Magen. Die Fahrt wird noch Tage dauern, endlose Stunden.

Der ganze Schlamassel kommt mir vor wie die größtmögliche Katastrophe, die sich ein Mensch überhaupt ausmalen kann!

Ich mache meiner Mutter keine Vorwürfe, dass sie unsere Urlaubskasse aus der Hand gegeben hat. Auch ich hätte dem Onkel blind vertraut. Aber nun weiß ich nicht weiter.

Mein Vater? Konsterniert.

Meine Mutter? Wirkt ebenso handlungsunfähig. Sie macht sich schwere Vorwürfe. Schlimm, die beiden so zu erleben!

Kinder sind robust, die können einiges ab, heißt es immer. Und da ist wohl was Wahres dran: Ich ergreife die Initiative. Nicht, weil ich will, sondern weil ich muss – denke ich.

Obwohl mir die ganze Geschichte unendlich peinlich und unangenehm ist, arbeitet mein Gehirn bereits fieberhaft an einem Ausweg aus der Falle. Not macht erfinderisch; noch so ein Spruch, der ins Schwarze trifft.

Meine Mutter bringt es nicht übers Herz, Wildfremde anzusprechen, anzubetteln – denn nichts Anderes wäre es – nach ein paar Mark für sie, ihren Mann und ihren Sohn. Und mir dreht sich der Magen um bei der Vorstellung, meine Mutter in dieser entwürdigenden Rolle zu sehen. Allerdings macht mir der Magen auch so schon zu schaffen.

Leerer Bauch und Seegang, keine wünschenswerte Kombination! Das Wasser aus der Leitung auf der mickrigen Schiffstoilette? Ungenießbar! Deshalb ergreife ich die erstbeste – und einzige – Möglichkeit, die sich mir bietet.

Auf der Fähre tummeln sich noch zahllose andere Kinder. Mit einigen habe ich beim Auslaufen zusammengestanden. Jetzt muss ich nicht lange nach ihnen suchen, sie krakeelen unter Deck an der Fensterfront im Bug herum. Hier gibt es keine fest verschraubten Stühle, wie im hinteren Bereich des Schiffs – auf denen sich die Erwachsenen niedergelassen haben –, wohl aber Teppichboden, der zum Herumlungern einlädt.

Ich geselle mich unter das bunte Völkchen der anderen Minderjährigen und zücke meinen ‚Freundschaftsmagneten': den GameBoy.

Er ist ein heißbegehrtes Objekt, das mich innerhalb weniger Augenblicke zum beliebtesten Mitglied der Gruppe aufsteigen lässt. Ich lasse das Spielzeug herumgehen und biete den Kindern, die sich alle untereinander nicht kennen, einen Deal an.

Ich zeige ihnen die drei Spiele, die ich für den GameBoy in der Tasche trage, und sage: „Spielt was ihr wollt! Aber eine halbe Stunde kostet eine Mark." Prompt reißt mir das erste Kind den Apparat aus der Hand, schiebt eine der Spieldisketten ein und daddelt drauflos.

Ich trete aus der emsigen Versammlung – dort auf dem schmutzigen Teppichboden – heraus, ziehe mich ein Stück zurück, und beobachte, wie die Kinder über dem kleinen zweifarbigen Display mit den Köpfen aneinanderstoßen.

Nach einer halben Stunde übergebe ich die kleine Flimmerkiste an den nächsten Interessenten – und kassiere die erste Mark. Es ist das erste Geld, das ich in meinem ganzen Leben verdient habe. Hey, und obendrein noch steuerfrei!

Nach dreieinhalb Stunden kehre ich mit sieben Mark – die sich anfühlen, wie ein unermesslich wertvoller Schatz – zu meiner verzweifelten Mutter, meinen wortkargen Vater zurück. Sie heben mich gemeinsam hoch in die Luft – als sei ich ein kleines Baby – als ich ihnen die blitzenden Münzen unter die Nase halte!

Meine Mutter strahlt über das ganze Gesicht, hat für einen Augenblick ihre Scham und ihren Gram vergessen.

Wir bestellen zwei Wasser und ein Sandwich in dem kleinen Bistro auf der Fähre und sind in diesem Augenblick die glücklichsten Menschen der Welt.

Zumindest denke ich mit meinen sechs Jahren – und dem herrlich erfrischenden Wasser in der Hand –, dass wir es in diesem Moment sein sollten?

Die allerglücklichsten Menschen der Welt.

~

Heute kann ich über diese Episode mit einem milden Lächeln den Kopf schütteln. Eine blöde Sache war das, aber nichts, was einer tatsächlichen existenziellen Bedrohung gleichgekommen wäre.

Der Punkt allerdings ist: als 6jähriger – damals auf der Fähre fühlte es sich genau danach an. Noch heute kann ich nachempfinden, wie sich mir der Magen zuschnürte, als ich verstand: Wir stehen gänzlich ohne etwas zu Essen und zu Trinken da!

Natürlich hätte uns irgendjemand geholfen, wenn wir gefragt hätten – wir wären auf dieser Fähre kaum verdurstet. Heute bin ich mir darüber im Klaren, damals war ich es nicht. Nicht im Geringsten. Damals verspürte ich Panik. Echte Angst. Ich kapierte, dass ich erledigt war, wenn meine Mutter kein Geld hatte, um uns das Nötigste zu kaufen. Ich war verzweifelt, hilflos. Und als es endlich ausgestanden war – mit dem heiß gelaufenen GameBoy sicher in der Tasche – schwor ich mir selbst, als der kleine Knirps, der ich noch war: Nie – nie wieder – will ich mich in so einer ausweglosen Situation befinden.

Wenn mir eines in diesem Leben nie wieder ausgehen sollte – dann war es das schöne Geld

Warum Immobilien? – Ein persönliches Gespräch

Als ImmobilienAdvisor gerate ich – neben den Aufträgen, die ich von zukünftigen Immobilienbesitzern erhalte – permanent an Leute, die ‚da noch eine Frage hätten', und ich beantworte sie in den meisten Fällen herzlichst gerne. Als mir die Idee zu diesem Ratgeber kam, fragte ich mich: Warum nicht gleich diese Gespräche wiedergeben? Wozu die Materie trocken und theoretisch angehen, wenn ich doch ohnehin tagtäglich ganz praxisnah darüber sinniere?

Ich erinnere mich da – für den Beginn – z.B. noch lebhaft an eine Unterhaltung, die ich während meiner Ausbildung zum Tennistrainer mit einem Mitstreiter führte. Wir trafen in entspannter Atmosphäre aufeinander: kurz vor Sonnenuntergang an der Tennisclub-Bar. Ich hatte ausnahmsweise keine weiteren Termine für den Abend und es folglich nicht eilig.

Nach kurzem Small-Talk fand ich mich in einem regen Austausch über Anlagemodelle wieder, während draußen die Sonne hinter den Fichtenzipfeln des umliegenden Waldes unterging. Ich mochte die direkte Art, in der mein Gesprächspartner – ein junger Grafikdesigner – das Thema anschnitt. Er verkörperte einen wachsamen Zuhörer. Ich stufte ihn als jemanden ein, der nach kurzem Wortwechsel die Schwätzer von den Experten zu trennen vermochte.

Ich bestellte eine Runde kühle Getränke, stieß an – wir hatten uns bereits auf's Du verständigt – und lehnte mich zurück. Nach der physisch fordernden Einheit auf dem Tennisplatz, die hinter mir lag, freute ich mich – zur geistigen Ertüchtigung – auf einen so sattelfesten Dialogpartner zu treffen. Mein Gegenüber, Stefan, redete nicht lange drum herum, sondern stellte die Grundsatzfrage:

Warum Immobilien?

Ah! Der Cocktail, der uns eben serviert worden war, schmeckte exzellent. Ich rückte den Kragen meines Poloshirts zurecht. Wohl gewappnet für den Fragenhagel, der da käme. Möge das Spiel beginnen.

Der ImmobilienAdvisor:

„Nun, ganz einfach, weil Immobilien eine Anlagemöglichkeit ‚für die Ewigkeit' darstellen."

Ich musterte den jungen Kerl, vielleicht 25 Jahre alt, wie er es sich gleichfalls mit seinem Getränk an der Bar bequem gemacht hatte. In seinem Blick registrierte ich keine Anzeichen von Widerspruch. Also fuhr ich fort.

Der ImmobilienAdvisor:

„Zumindest gemessen an den Maßstäben anderer, unbeständigerer Anlagestrategien im schnelllebigen Markt. In Immobilien steckt ja bekanntlich ‚im-mobil', das verweist auf einen Wert, den ich anfassen und genau verorten kann.

Zu einem Immobilienobjekt, einem Haus, einer Wohnung, kann ich hinfahren, ich kann hineingehen, darin herumlaufen und – wenn ich möchte – mit einem Handstreich die Verklebung der Fußleisten im Wohnzimmer prüfen. Oder sonst was anstellen, wonach auch immer mir ist, um mich höchstpersönlich vom realen Wert des Objekts zu überzeugen."

Stefan:

„Sie – Entschuldigung, du meinst, ein Haus ist nicht virtuell?"

Der ImmobilienAdvisor:

„Exakt! Es sei denn, wir unterhalten uns über die Gebäude, die du in deiner Freizeit vielleicht bei Minecraft errichtest? Die Bausubstanz aus Stein und Beton, oder – unter bestimmten Voraussetzungen – auch Holz, wird ‚immer' Bestand haben. Ich muss mir bei einem Haus keine Sorgen machen, dass morgen, sagen wir, der selbstverliebte Hausmeister mit der verrückt blondgelben Frisur, grotesk orangenem

Selbstbräunergesicht und schlechtsitzender Krawatte eine wüste Twitter-Tirade absetzt und das Objekt dadurch plötzlich um 10 % an Wert sinkt."

Immobilien – immer vorausgesetzt, sie werden sorgsam und mit Bedacht ausgewählt – sind eine Anlagemöglichkeit mit überdurchschnittlich guten Renditeaussichten

„Kurzfristig, also über wenige Jahre, aber selbstredend auch längerfristig, also über Jahrzehnte hinweg. Insbesondere wenn man klassische andere Anlageoptionen danebenlegt. Dann kommen die Chancen, die im Immobilienmarkt stecken, ganz überdeutlich zum Vorschein."

Stefan:

„Mhm! Und welche wären das genau?"

Der ImmobilienAdvisor:

„Ganz klar an erster Stelle steht da: die Wertstabilität. Die schlägt in meine Augen alles andere. Immer vorausgesetzt, du wählst ein Objekt aus, dass zu deinem Profil passt – dann kannst du mit einer guten bis sehr guten Rendite rechnen."

Stefan:

„Sehr schön, verstehe. Aber könntest du das mal konkretisieren?"

Der ImmobilienAdvisor:

„Na, unbedingt, gerne! Den ‚Hebel' setzt du beispielsweise an, indem du bei der Betrachtung des Kaufpreises des Objekts im Vergleich zum möglichen, für dich konkret vorstellbaren Wert sehr achtsam vorgehst, und praktisch mit Unterschrift unter den Kaufvertrag bereits einen Gewinn mitnimmst. Wenn das so einfach wäre, wieso macht es dann nicht jeder – wirst du jetzt vielleicht automatisch fragen wollen?

Darauf habe ich zwei Antworten:

- Erstens tun dies schon mehr und immer mehr Leute als man annehmen sollte.

- Und zweitens ist es natürlich leichter gesagt als getan.

Aber vom Prinzip her gilt: Hast du ein Auge für Details und das Vorstellungsvermögen für den tatsächlichen Wert einer Immobilie – etwa nach einer Renovierung –, und bist du in der glücklichen Lage günstiger zu kaufen – etwa, weil es sich beim Verkäufer um eine zerstrittene Erbengemeinschaft handelt – dann kommst du um eine mindestens annehmbare, wenn nicht vielmehr stattliche Rendite praktisch nicht umhin.

Das sage ich dir so wahr wir hier gemütlich an der Bar sitzen:

Bei geeigneten Immobilien, nach derzeitiger Preisentwicklung, vermehrt sich dein Geld sozusagen während du danebenstehst

Ich musterte den jungen Medienmann hinter seinem Getränk. Ich hatte meine Leine ausgeworfen und konnte förmlich beobachten, wie er den Köder umkreiste. Auch wenn er noch nicht zugeschnappt hatte, ich war mir gewiss:

Noch heute Abend – eher der andere den Tennisclub verlassen könnte – würde ich eine weitere Person von meiner Sache überzeugt haben. Zu oft hatte ich das Ganze schon durchgespielt.

Ich bewegte mich auf sicherem Terrain.

Wie viele zögerliche Menschen hatte ich auf den Immobilientrip gebracht?

In den letzten Monaten? In den letzten Jahren? Den Grundstein gelegt, im wahrsten Sinne des Wortes, für das Projekt: Immobilienerwerb. Ich hatte aufgehört zu zählen.

Der ImmobilienAdvisor:

> „Schau dir daneben zum Vergleich einmal eine gerne genommene, als solide und deshalb als ach so erstrebenswert geltende Anlageoption an – die Staatsanleihe. Dort wirst du bei der Rendite kaum ähnliche Ausschläge feststellen können? Nicht mal annähernd."

Stefan:

> „Okay, geschenkt! Wer Staatsanleihen kauft, der hält auch Entchenangeln für einen Extremsport. Aber heißt es bei Lichte besehen nicht eben doch genau das: Bessere Rendite geht Hand in Hand mit höherem Risiko?"

Der ImmobilienAdvisor:

> „Willst du die kurze Fassung? Sie lautet: ja. Ja, ein etwas höheres Risiko als bei den Staatanleihen musst du schon eingehen. Die lange Fassung beginnt mit: aber!
>
> Und zwar so: Aber der Immobilienmarkt der letzten 10 bis 15 Jahre hat es bereits getan, und der Zukunftsmarkt, mit Hinblick auf die sich immer weiter zuspitzende Wohnsituation in Ballungsräumen und deren Einzugsgebieten, wird es ebenfalls tun: nämlich dies – überproportional gute Rendite abwerfen."

Stefan:

> „Okay, du zielst auf die Großstädte ab? Hier gehen die Preise ja durch die Decke. Jeder will sein Stück vom Kuchen abbekommen. Wie komme ich als Anfänger da überhaupt noch dazwischen?"

Der ImmobilienAdvisor:

„Wenn du dir Großstädte wie Berlin, München oder Hamburg anschaust, kannst du einen enormen Wertanstieg beobachten. Keine Frage. Aber darauf will ich gar nicht hinaus. Wenn du etwas erbst in einer dieser Städte; herzlichen Glückwunsch!

Oder wenn du das nötige Kleingeld mitbringst, um dir ein Objekt auf diesen sehr stark nachgefragten Immobilienmärkten zu sichern; herzlichen Glückwunsch! Im Prinzip kannst du in der Großstadt eine Garage kaufen und von den steigenden Stellplatzgebühren profitieren.

Mehr Zuzug bedeutet verknappten Wohnraum, bedeutet fehlende Parkplätze und immer so weiter! Berücksichtigst du dazu die Bewegung hin zu fahrradfreundlicheren Innenstädten mit weniger Pkw-Verkehr und zusätzlich wegfallenden Parkmöglichkeiten, dann kannst du dafür praktisch deine rechte

Hand ins Feuer legen, dass du mit deinem vermieteten PKW-Stellplatz ein gutes Geschäft machen wirst. Auch in diesem Fall: herzlichen Glückwunsch!

Aber ich ziele eigentlich auf etwas ganz Anderes ab. Löse dich von der mantraartigen Formel: Lage, Lage, Lage! Es ist schön, wenn du vom Häuschen in der Münchener City träumst, am liebsten ein Neubau, mit Tiefgarage und allem Drum und Dran.

Aber mit solchen Träumen im Kopf katapultierst du dich in Dimensionen, mit denen der Durchschnittsverdiener in seinem Leben nie in Berührung kommen wird."

Stefan:

„Also raus aus der City? Dass mit der Garage schreibe ich mir trotzdem auf!"

Der ImmobilienAdvisor:

> „Ha, das darfst du gerne tun. Genau, raus aus der City. Der Immobilienmarkt ist riesengroß. Wichtig ist, die richtigen Bilder im Kopf zu erzeugen, wenn du an Immobilien denkst."

Deutschland ist zugepflastert mit interessanten, gebrauchten Objekten, die auf einen Käufer warten. Objekte, die du einem nüchternen Faktencheck unterziehen kannst, und am Ende ein gutes Investitionsobjekt erhältst

Stefan:

> „Von welchen Faktoren sprechen wir da?"

Der ImmobilienAdvisor:

„Vor allem von Faktoren, die auch in einer möglichen Krise Bestand haben. Als da zunächst einmal wäre: Das Verhältnis zwischen dem momentanen Wert des Objekts; sprich die konkrete Summe, die du beim Kauf zu zahlen bereit bist, verglichen mit den Baukosten. Du ahnst es bereits: Je geringer der Unterschied zwischen Baukosten und aktuellem Wert, desto weniger Risiko steckt im Krisenfall in einem Objekt.

Stellen wir uns mal in unserer blühenden Fantasie eine schicke Penthouse-Wohnung mit 70 qm mitten in traumhafter Innenstadtlage vor, welches für 1,5 Millionen Euro angeboten wird. Die tatsächlichen Baukosten haben aber vor, sagen wir, 10 Jahren mal grade 300.000 € betragen.

Da ist die Gefahr der Spekulationsblase förmlich mit Händen zu greifen!

Zugegeben, das treiben wir hier in der Fantasie mit einem Extremfall grade auf die Spitze. Aber diese Situation, diese Tendenz, existiert im Großstadtmarkt ganz real. Und genau von diesen Verhältnissen sollten wir uns freimachen, wenn wir an Immobilien denken."

Stefan:

„Um stattdessen Platz im Kopf zu machen – für was genau?"

Der ImmobilienAdvisor:

„Ich nenne dir ein anderes Extrembeispiel, nur um das Umdenken zu fördern. Auf dem Land – nicht in der Pampa, wohlgemerkt; einfach auf dem Land, mit vernünftiger Anbindung an die nächstgrößere Stadt und einer zufriedenstellenden Infrastruktur im Dorf – findest du mitunter Häuser zu einem Preis, der grade mal 50 % der ursprünglichen Baukosten beträgt. Solche Objekte findest du nicht an jeder Ecke; aber sie existieren. Sie stehen da draußen rum, ebenso wie das vollkommen überteuerte Penthouse. Dass es die Luxuswohnung gibt, ist schön zu wissen, um sich seinen kühnsten Träumen hinzugeben."

Aber das eigentlich Elektrisierende sollte die andere Erkenntnis sein; nämlich das erschwingliche, solide Objekte existieren, die für den Durchschnittverdiener eine wertvolle Eintrittskarte sein können

„Als Ticket für das ganz und gar bodenständige Immobilien-Wunderland, in dem praktisch nichts unmöglich ist: sei es die finanzielle Absicherung für's Alter, oder sei es darüber hinaus sogar die finanzielle Unabhängigkeit – und das deutlich vor dem Renteneintrittsalter."

Stefan:

„Aber was will ich auf dem Land, wenn ich mich zur Großstadt hingezogen fühle?

Der ImmobilienAdvisor:

„Schön, dass du es von dir aus sagst! Damit legst du ein zweites Denkmuster offen, das viele Menschen beim Stichwort Immobilien dominiert. Es besagt: Ich muss ein Eigenheim erwerben, um darin zu wohnen und im Alter mietfrei zu leben."

Stefan:

„Ja, genau. Und ist das denn so verkehrt?"

Der ImmobilienAdvisor:

„Nein, verkehrt ist das nicht – verkehrt ist eine Türzarge, wie sie sie mir mal in einem meiner Objekte am Eingang eingesetzt haben. Die Haustür öffnete nach außen! Ist das zu fassen? Zum Glück hatte ich einen wasserdichten Vertrag mit der beauftragten Firma aufgesetzt, wie ich es immer tue.

Ein solcher Vertrag schützt dich vor den kleinen wie den großen Fehlern – und die zuständige Firma musste das Malheur selbstverständlich auf eigene Kosten beheben. Jetzt öffnet die Tür in die gewünschte Richtung. Aber das ist eine andere Geschichte!

> *Hier ein kleiner Wegweiser durchs Buch: Wie Sie eine Renovierung anstandslos und ohne Komplikationen über die Bühne bringen, erfahren Sie auf Seite 155.*

Nein, verkehrt ist die Strategie also nicht. Aber es bedeutet, dass du ein Objekt finden musst, indem du dir vorstellen kannst, wenigstens ein paar Jahre zu wohnen. Und damit bringst du einen Stein ins Rollen, der eine kleine Lawine auslösen kann. Oft investiert man ins eigene Heim mehr, als am Ende finanziell gesund ist. Außerdem versperrt der Wunsch nach der perfekten Bleibe den Blick auf die andere Strategie, die du wählen könntest."

Die Strategie lautet: ein Objekt erwerben und vermieten

Stefan:

„Und man selbst?"

Der ImmobilienAdvisor:

„Man selbst wohnt einfach weiter zur Miete, bleibt, wo man ist, muss keinen Umzug in Kauf nehmen. Vermieten und gleichzeitig zur Miete wohnen, dass muss sich nicht gegenseitig ausschließen, nicht im Geringsten."

Stefan:

„Ach so? Das hatte ich jetzt nicht auf dem Schirm. Aber damit bin ich dann in der Lage, mir ein geeignetes Objekt außerhalb der Stadt zu suchen!"

Der ImmobilienAdvisor:

„Genau, du schaust dich in Randlagen, in Vorstadtlagen um. Irgendwann findest du das Gebiet, in dem der ‚Run' auf Immobilien erst noch bevorsteht. Denn die Tendenz ist eindeutig: Die Leute ziehen raus aus der Stadt, weil die Mieten explodieren.

Wenn du jetzt das richtige Objekt findest, kannst du davon ausgehen, dass auch hier der Preis in den nächsten 3 bis 5 Jahren anzieht, weil die Leute sich nach bezahlbarem Wohnraum weiter außerhalb der Zentren umsehen. Die Nachfrage steigt, und damit der Wert deiner Immobilie."

Stefan:

„Aber nochmal, warum reden dann alle von Großstädten? Finden hier nicht die wirklich lukrativen Immobiliengeschäfte statt?"

Der ImmobilienAdvisor:

„Natürlich wird viel geredet, was die Großstädte angeht, da liegt der Fokus glasklar auf dem sehr begrenzten Wohnraum in der City.

Das Wachsen der Städte ist ein Megatrend. Wir sprechen hier von begrenzter Fläche und gleichzeitig hoher Einwohnerzahl. Natürlich ist da Pfeffer drin! Jeder möchte Eigentum besitzen, die Nachfrage ist groß, das Angebot gering.

Doch kommen wir zum wesentlichen Stichpunkt deiner Frage: Wo sind die Immobiliengeschäfte lukrativ?

Auf dem Land kannst du mit einem wesentlich geringeren Kreditrahmen verblüffende Gewinne erzielen. Ertrag ist Ertrag – und dabei ist es vollkommen einerlei, wo dieser erwirtschaftet wird."

Stefan:

> „Das stimmt. Aber die Leute reden von ‚Betongold', wenn du dir Analysen zu Eigentum in den Städten ansiehst…"

Der ImmobilienAdvisor:

> „Das ist es auch. Aber nochmal: Gleiches gilt für geschickt ausgewählte Immobilien außerhalb von Städten, auch in C- oder D-Lage.
>
> Die Regel lautet: Solange man in einer Immobilen-Krise nicht verkaufen muss, sondern die Sache aussitzen kann, sind Immobilien eine sichere Kapitalanlage. Solange du deine Objekte auch in der Krise vermietet kriegst, oder selbst die Summen für die Tilgungsraten aufbringen kannst – solange hast du kein Problem. Denn der Wert des einzelnen Objektes stabilisiert sich nach der Krise wieder, auch das ist eine grundsätzliche Regel.

Schauen wir uns die Krise von 2008 an: Die meisten Immobilien haben sich inzwischen längst wieder konsolidiert. Wohl gemerkt, die Immobilien mit Infrastruktur und weiteren günstigen Parametern; die sind im Wert heute wieder stabil, und tendenziell angestiegen."

Stefan:

„Okay, wenn wir dann mal gedanklich die Stadt verlassen, wie verhält es sich nun konkret mit lohnenden Immobilien auf dem Land? Was muss ich beachten, um sie aufzuspüren?"

Der ImmobilienAdvisor:

„Richte dein Augenmerk zuallererst auf die Infrastruktur: Besteht dort eine gute Anbindung mit dem Auto und der Bahn? Im Dorf sollte es einen Nahversorger, also einen Supermarkt geben. Oder gibt es wenigstens einen im Umkreis von nicht mehr als fünf km?"

Potenzielle Mieter haben die Vorstellung: Ich möchte zu Fuß zum Supermarkt gehen können! Auch wenn sie danach doch lieber den Wagen nehmen

„Ein Arzt sollte da sein, eine Apotheke. Am besten ein oder mehrere Restaurants, kurzum, den Eindruck ein wenig kulturellen Lebens sollte die Gegend schon verströmen. Das alles ist schon recht wesentlich: Du solltest Bescheid wissen, in welcher Gegend du ein Objekt kaufst! Am besten, du kommst selbst von dort, oder hast Freunde und Bekannte, von denen du mehr erfahren kannst. Stimmen die Bedingungen, dann rate ich: Besichtige dort so viele Objekte, wie du in deinen Terminkalender quetschen kannst. Machen dir ein Bild, bis du keine Raufasertapete mehr sehen kannst! Und du wirst – früher oder später – mit etwas Geduld auf das Objekt stoßen, dass zu deinem Vorhaben passt."

> *Buch-Wegweiser: Welche Dinge Sie bei der Besichtigung eines Objekts unbedingt beachten müssen, erfahren Sie auf Seite 155.*

Stefan:

„Nehmen wir an, ich habe ein Objekt gefunden, das mir zusagt. Ich habe mir die Umgebung und die Anbindung angesehen. Dann bleiben aber ja immer noch „unsichtbare" Faktoren, die ich klären muss.

Wie erfahre ich z.B. etwas über beschlossene oder geplante Bauvorhaben in den nächsten 10 Jahren?"

Der ImmobilienAdvisor:

„Sehr gut! Das musst du in der Tat berücksichtigen. Eine geplante Umgehungsstraße etwa kann für die Entwicklung deines Objekts negative wie positive Konsequenzen herbeiführen.

Hast du ein erhöhtes Verkehrsaufkommen, kann die Umgehungsstraße Entlastung und Ruhe für die Gegend bringen, in dem dein Objekt liegt.

Ein negatives Beispiel wäre eine Umgehungsstraße, die dazu führt, dass die Leute zum Einkaufen nicht mehr dein Dorf aufsuchen, die Geschäfte müssen schließen, die Gegend verliert an Attraktivität.

Um solchen Bauvorhaben nicht ausgeliefert zu sein, kannst du dich bei der Stadt informieren."

Beim Bauamt sollten beschlossene bzw. in der Planung befindliche Vorhaben in der Regel **öffentlich** einsehbar sein

„Darüber hinaus ist es ratsam, die Nachrichten aus der Lokalpolitik zu verfolgen. Gibt es ein größeres Unternehmen in der Umgebung, an dem viele Arbeitsplätze hängen, sollte man sich auch, wenn möglich, mit dessen Historie und den aktuellen Geschäftszahlen vertraut machen. Eine plötzliche Pleite würde dir einen Strich durch die Rechnung machen. Gibt es einen Flughafen in der Nähe, ist es unabdingbar herauszufinden, wie die Anflugschneise verläuft und ob ein Ausbau der Landebahnen geplant ist. Fluglärm ist ein Aspekt, den du als Negativkriterium nicht erst nach Vertragsunterschrift feststellen solltest!"

Stefan:

„Jetzt hast du mir im Grunde schon einen kleinen Crashkurs geliefert, wie ich die Sache praktisch angehen sollte. Aber nochmal zur Theorie dahinter, falls du noch Zeit hast? Warum sind Immobilien in deinen Augen besser als die anderen klassischen Anlagemöglichkeiten?"

Der ImmobilienAdvisor:

„Immer, ich habe keine Eile! Das erkläre ich dir gerne nochmal: Weil Immobilien im Vergleich einfach kaum zu schlagen sind. Du musst das immer im Verhältnis sehen.

Nehmen wir den Dauerbrenner: Lebensversicherung. Den haben Leute über eine Laufzeit von, sagen wir, 20 Jahre abgeschlossen. Bei Vertragsabschluss sind sie von einer Rendite im Bereich um die 4 % pro Jahr ausgegangen. Jetzt ist die momentane Zinslage allerdings so bescheiden – die Europäische Zentralbank, die EZB, hält den Leitzins bei ca. 0,5 %, – dass die Banken die Verträge kündigen. Das passiert genauso! Da müssen die Leute vor Gericht ziehen, ohne sichere Aussicht auf Erfolg. Beim Abschluss einer Lebensversicherung werden dir grundsätzlich verschiedene hypothetische Annahmen vorgerechnet, weil niemand – auch nicht die Bank – sagen kann, wie sich die Zinsentwicklung tatsächlich gestalten wird.

Derzeit kannst du davon ausgehen: Die Leute erhalten am Ende weniger – deutlich weniger – als das, was ihnen vor 20 Jahren vorgerechnet wurde. Und ich sehe nicht, warum sie wiederum in 20 Jahren, von heute ausgerechnet, nicht noch viel weniger kriegen sollten?"

Stefan:

„Du meinst, die Lebensversicherung ist tot, sozusagen?"

Der ImmobilienAdvisor:

„Ha, wenn du so willst, kannst du das so in den Raum stellen, ja. Da müssten sie eigentlich mal den Produktnamen ändern, was?

Ein weiterer Nachteil bei der sogenannten Lebensversicherung gegenüber der Immobilien ist dieser: Wirst du arbeitslos und musst die Kiste auflösen, dann erhältst du bei der Lebensversicherung nur dein bis dahin Angespartes zurück.

Bei der Immobilie hingegen sollte die Wertentwicklung im Idealfall so positiv sein, dass du auch bei einem vorzeitigeren Verkauf einen annehmbaren Gewinn mitnehmen kannst."

Stefan:

„Okay. Du wartest sicherlich nur darauf, deshalb frage ich: Und was ist mit Aktien?

Der ImmobilienAdvisor:

„Na, bei Aktien bist du, wenn es hart auf hart kommt, von den aktuellen Kursen abhängig. In einer persönlichen Krise – also bei finanziellen Engpässen – musst du deine Pakete im schlimmsten Fall abstoßen, egal, wo die Wertpapiere grade stehen. Das birgt ein erhöhtes Risiko. Aber auch, wenn alles nach Plan laufen sollte, ist der Einstieg in den Aktienhandel weniger geschmeidig als der in den Immobilienmarkt. Oder nicht? Stichwort: Fremdfinanzierung."

Keine Bank dieser Welt gibt dir einen Kredit, damit du dir ein paar hübsche Aktien kaufen kannst

„Aktien besitzen eine hohe Volatilität; sie sind Schwankungen unterworfen. Auch droht da das Risiko des Totalverlusts. Bei guten Immobilien ist der praktisch auszuschließen.

Als Aktienbesitzer bist du zwar auf dem Papier Anteilshaber des Unternehmens, auf das du dein Geld setzt, in der Praxis hast du als Kleinanleger aber keinerlei Einfluss auf die Entscheidungen, die das Firmen-Management fällt. Ganz anders sieht das bei deiner eigenen Immobilie aus: Hier hast du die volle Kontrolle!

Du bist der Chef. Du entscheidest, was passiert, und wann: Du kannst etwas in die Renovierung investieren.

Du kannst die Immobilie selbst bewohnen, du kannst sie vermieten. Oder du verkaufst sie, wenn die Zeit reif dafür ist."

Stefan:

„Ah, ja, das hatten wir schon! Du meintest, eine Immobilie ist nicht virtuell?"

Der ImmobilienAdvisor:

„Genau, ganz genau: Das Haus ist und bleibt eine Sicherheit, die du anfassen kannst. Nehmen wir einen Objektwert an, der sich auf 200.000 € beläuft. Du finanzierst die Bude über einen Kredit, zu Konditionen, wie sie besser kaum sein könnten. Versuch' das parallel mal mit Aktien: Ich kaufe mir heute für 200.000 € Aktien, nach 20 Jahren habe ich das Geld dann vollständig zurückbezahlt an die Bank, oder an wen auch immer, der mir so einen Batzen Geld vorgestreckt hat – und ich behalte den Gewinn?! Das funktioniert nicht."

Stefan:

„Das stimmt wohl, die 200.000 € für dein Aktienabenteuer musst du schon herumliegen haben."

Der ImmobilienAdvisor:

„Und dann dürfte dein Stresslevel immer noch um einiges höher sein als bei einer mit Bedacht ausgewählten, soliden Immobilie. Eigentlich musst du wöchentlich, tagtäglich, stündlich Kurse checken. Was hat der Vorstand besoffen getwittert? Was verschweigt das Unternehmen? Und dabei kann die Marke noch so groß sein, das Image noch so tadellos. Du weißt nie zu 100 % auf welches Pferd du da eigentlich einen Teil deines Vermögens setzt.

Bestes Beispiel VW. Mogelsoftware eingebaut? Aktionäre zu spät informiert? Kurseinbruch? Ups.

Da brauchst du Nerven aus Stahl, um das durchzustehen, ruhig zu bleiben, und so lange zu warten, bis sich der Kurs wieder erholt. Bei VW wärst du als Aktionär Stand 2019/20 mit einem blauen Auge davongekommen. Aber ist es das wert? Dann doch lieber einen Mieter in der Leitung, der dir sagt: Die Glühbirne im Treppenhaus ist kaputt."

Stefan:

„Aber ist das nicht auch stressig, auf eine Art?"

Der ImmobilienAdvisor:

„Also, da muss ich aber betonen, das ist um Längen weniger stressig, als beim Blick auf den Kurs festzustellen, dass über Nacht 15 % deines Kapitals verpufft sind! Als Gegenargument genau dazu – dem vermeintlichen Monsterstress als Vermieter – sage ich immer: Ja, klar, so viermal im Jahr muss ich etwas regeln pro Objekt. Meistens sind es Kleinigkeiten.

Bei Aktien musst du im Grunde viermal pro Monat etwas regeln. Denn zu sagen, egal, ich kaufe jetzt Aktien, kümmere mich um nix, und lasse die einfach zehn Jahre liegen – das kann böse schiefgehen. Es sei denn, es ist ‚Spielgeld', also eine Summe, die dir im Fall eines Totalverlusts nicht wehtut."

Stefan:

„Tja, so sieht das wohl aus. Ich danke dir für deine Zeit, Tayfun! Es ist echt hilfreich das alles mal laut ausgesprochen zu hören."

Der ImmobilienAdvisor:

„Nichts zu danken! Du hast Recht, man muss das immer wieder und wieder hören, durchgehen, verarbeiten. Das hilft auf jeden Fall. Aber am Ende bleibt da nichts, was gegen den Erwerb einer Immobilie sprechen sollte."

Stefan trank den letzten Schluck aus seinem Gals, schulterte seine Umhängetasche und erhob sich von seinem Barhocker. Er reichte mir die Hand, die ich beherzt ergriff.

Stefan:

„Ich glaube, ich habe heute erst geschnallt, dass meine Altersvorsorge aus Immobilien bestehen könnte. Bisher dachte ich; naja, in einem kleinen Häuschen wohnen, das ist das Ziel. Aber ich kann ja viel leichter mit einer kleinen Wohnung anfangen, die ich vermiete? Das habe ich jetzt grade wirklich verstanden, ich danke dir ganz herzlich für den Tipp."

Der ImmobilienAdvisor:

„Nicht dafür, gerne! Du glaubst nicht, wie viele Leute ich schon sanft in diese Richtung geschubst habe. Manchmal überkommt mich das Gefühl, die Leute sehen vor lauter Häusern den Immobilienmarkt nicht."

Stefan:

> „Haha, genau."

Der ImmobilienAdvisor:

> „Hier ist meine Karte, falls du noch Fragen haben solltest. Und ich habe eine Seite online, auf der du dich jederzeit informieren kannst. Ich wünsche dir jedenfalls viel Erfolg für die Altersvorsorge über Mieteinnahmen. Denn vergiss nicht, die Mieten werden immer weiter steigen. Die gesetzliche Rente, oder die private Rente, tut das – nicht. Dein Gedanke mit dem Häuschen ist ja auch nicht durch und durch verkehrt.

Es ist gut, wenn der Wohnraum bis auf die Nebenkosten im Alter kostenfrei ist. Aber wenn dann mal was kaputtgeht? Da braust du schon ein finanzielles Polster. Besser ist es deshalb, daneben auch noch Objekte zu vermieten, um das passive Einkommen für's Alter zu steigern.

Mit einer kleinen Wohnung zur Vermietung kannst du ganz bestimmt früher starten als du vielleicht heute Morgen noch gedacht hättest. Also – nochmal alles Gute dir!"

Wir verabschiedeten uns, und auch ich packte nach ein paar Minuten meine Sachen zusammen, um den Tennisclub in Richtung Parkplatz zu verlassen. Ich grinste, als ich Stefan grade noch davonfahren sah. Wieder einer mehr, den ich behutsam auf den richtigen Weg gebracht hatte – dachte ich mir.

Das Geld und ich, oder „Liebe" auf den zweiten Blick

Ich habe eingangs bereits angedeutet, dass die Bedingungen, unter denen ich aufwuchs, manchmal herausfordernd waren, um es positiv auszudrücken. Gleichzeitig halte ich einen Blick zurück auf die Jugend, auf das Heranwachsen und Erwachsenwerden für außerordentlich aufschlussreich, um ein erfülltes Leben als unabhängiges Individuum führen zu können.

Zu viele Menschen haben im ersten Abschnitt ihres Lebens einen Mangel erfahren, den sie im späteren Verlauf ihrer persönlichen Geschichte durch alles Mögliche zu kompensieren versuchen. Dabei sehnen wir uns – auf den kleinsten gemeinsamen Nenner gebracht – doch alle nach Ähnlichem: Liebe, Sicherheit, Selbstbestimmung, Unabhängigkeit. Und eventuell noch nach einem Mercedes GLS. Vielleicht nicht in dieser Reihenfolge.

Ich halte die Sicherheit in dieser Liste nicht für das

erstrebenswerteste aller Dinge – was ginge schon über die Liebe?

Doch das Fundament des glücklichen Lebens kann nur die Sicherheit sein, die wir uns selbst aufbauen. Und damit spreche ich nicht von der bedeutsamen emotionalen, sondern lediglich von der finanziellen Sorte von Sicherheit. Ohne Rücklagen, ohne Absicherung droht uns im Alter ein schwarzes Loch. Das ist keine Panikmache – das ist die Wahrheit.

Das Positive daran: Mit ein wenig Geschickt kann uns im Alter ebenso gut ein wahrhaftig rosiges Dasein blühen. Entscheidend ist, wann wir damit anfangen die nötigen Vorkehrungen zu treffen. Wenn wir das Leben als niemals endenden Lernprozess begreifen, sind wir schon auf der richtigen Fährte.

Stellen Sie sich also immer mal wieder die grundsätzliche Frage:

Wo kommen Sie her, und was haben Sie über den Umgang mit Geld gelernt?

Als Sohn einer alleinerziehenden Mutter wuchs ich mit meiner Halbschwester unter den bestmöglichen Bedingungen auf, die uns das weibliche Oberhaupt unserer kleinen Familie mit dem Geld aus ihren zahllosen Putzjobs zu bieten vermochte. Erst deutlich später, in der weiterführenden Schule, wurde mir – durch die offenen Anfeindungen einzelner Klassenkameraden – offenbart, dass die türkische Abstammung meines Vaters dabei eine Besonderheit darzustellen schien.

In meiner Kindheit litt ich unter der Abwesenheit meines alten Herrn. Er tauchte in meinem Leben auf und verschwand wieder, als sei er bloß Einbildung, ein Produkt meiner Fantasie. Wenn die Eltern zusammensaßen, drehten sich die Gespräche häufig ums Geld.

Als Kind war es schwer zu fassen, aber diese eine Sache hatte erheblichen Einfluss auf die Stimmung von Mama und Papa: Warum stritten sie so häufig darüber – über das liebe Geld –, wir kamen doch auch ganz gut ohne zurecht?

Als klassisches Schlüssel-Kind lernte ich mit dem Wenigen, das wir hatten, auszukommen. Ich wurde auf Selbständigkeit getrimmt. Meine ersten Ravioli ließ ich wohl bereits im Alter von 7 Jahren anbrennen. Es war ja niemand zu Hause, der mir erklärt hätte, dass die Nudeln nicht in der Dose auf die Herdplatte gehörten.

Meinem Vater mache ich keine Vorwürfe. Heute weiß ich, dass er sich durchschlagen musste. Er hatte am Goethe Institut in der Türkei Deutsch gelernt, ehe er 1969 nach Deutschland gekommen war. Das wissbegierig angefangene Studium der Tiermedizin hatte er nicht zu Ende bringen können. In der BRD angekommen hielt er sich als Ungelernter mit Jobs auf dem Bau über Wasser. Später schädigte er seinen Biorhythmus nachhaltig, indem er sich als Taxifahrer die Nächste um die Ohren schlug.

Denke ich an den Vater aus meiner frühen Kindheit, denke ich an einen schlafenden Mann auf der Couch. Warum es mit meinen Eltern auseinanderging, kann ich nicht beurteilen, ohne unverhältnismäßig tief in deren Seelenleben zu bohren. Mich überkam ihre Trennung wie eine Naturkatastrophe. Schlimm, aber nicht zu ändern. Neben dem Psycho-Karussell, welches sich in meinem Kopf fortan im Kreise zu drehen begann, fuhr mein Körper physiologisch Achterbahn, wenn man so will. Als Baby suchte mich die Gelbsucht heim, als Erstklässler musste ich wegen einer hartnäckigen Hauterkrankung in die Klinik. Als dann die Pubertät heraufzog, erschien es mir als verwandle sich mein Körper in ein einziges Fass Butter. Meine Poren sonderten dermaßen große Mengen an Fett und Talk ab als gelte es einen Guinness-Weltrekord in der Freak-Kategorie ‚menschlicher Pomadespender' zu gewinnen. Mitunter musste ich mir mittags die Haare ein zweites Mal waschen, um den unvorteilhaften Glanz in der Frisur loszuwerden. Zumindest vermochten die in körpereigenes Öl eingelegten Haare ein wenig von dem Streuselkuchen abzulenken, der mal mein Gesicht dargestellt hatte. Unnötig zu erwähnen, dass mir diese Verwandlung eine wahre Hänsel-Flatrate bescherte. Und dann schließlich stellte sich zu allem Überfluss – praktisch über Nacht – für die gleichaltrigen Plagegeister in meiner Klasse heraus: „Moment mal, ist der Tayfun nicht ein Türke"?

Soweit, so normal, werden Sie vielleicht denken – willkommen in der Pubertät! Mit Ach und Krach hatte ich es nach der Grundschule auf die Realschule geschafft. Die Hauptschulempfehlung, die seitens der Schulleitung ausgesprochen worden war, hatte meine Mutter abwenden können. Ein Manöver, für das ich ihr bis heute dankbar bin!

Ich absolvierte den Realschulabschluss mit mehr Glück als Verstand und landete auf einer höheren Handelsschule. Was ich heute in einem Satz niederschreiben kann, bedeutete damals eine angespannte Phase in meinem Leben. Mehrmals stand der Abschluss auf der Kippe. Auf der Realschule entwickelte ich ein gesteigertes Aggressionspotenzial. Die Eltern oder Großeltern der Mitschüler stammten aus aller Herren Länder:

Griechen, Russen, Afrikaner, Polen und Türken. Die unterschiedlichen kulturellen Einflüsse entwickelten unter dem Brennglas der Pubertät eine nicht zu verachtende Hitze. Schule war Kampf, es ging jeden Tag ums ‚Überleben'. Eindrucksvoll wurde mir vorgeführt, dass ich bloß einer unter Vielen war.

Womit konnte ich mich hervorheben? Was waren meine besonderen Qualitäten? Ich war ein Suchender, ohne Antwort auf die Frage, was mir im Leben Halt geben könnte.

Als ich das erste Mal eigenes Geld in die Finger bekam, war ich darauf so schlecht vorbereitet, wie man es überhaupt nur sein kann

Und das passierte so: Nach dem Erwerb des erweiterten Schulabschlusses an der Handelsschule griff ich einen Job bei einem Autozulieferer ab –

Schichtarbeit, zwölf Stunden am Stück – was mir, als jungem Kerl, verhältnismäßig ordentliches Geld in die Kasse spülte. Plötzlich befand ich mich in der erquicklichen Lage, zu konsumieren, ohne dafür um Erlaubnis fragen zu müssen. Das dramatische Erlebnis auf der Fähre als kleiner Junge? War nichts mehr als eine verblasste Kindheitserinnerung in Anbetracht der neuerlichen Umstände: Ich blickte auf das eigens eingerichtete Konto – und war im Plus. Ein berauschendes Gefühl! Zahlen im Kontoauszug, die mich aufwerteten. Ich begann, die Leere in meinem Innern mit Konsumgütern aller Art füllen. Vornehmlich mit damals angesagten Marken-HipHop-Klamotten der rückblickend grässlichsten Art.

Ich darf wohl behaupten; das Geld und ich, wir passten nicht so recht zusammen. Ich gab es mit vollen Händen aus. Und hielt dieses Vorgehen noch für etwas Gutes. Unter der Prämisse: Solange ich Geld zum Ausgeben habe – und dies auch tue – solange gibt es kein Problem.

Wer kein Geld zum Ausgeben hat? Na, der macht etwas falsch!

Entweder, oder. So lautete mein binäres Verständnis der Finanzwelt. Ich hätte wohl kaum mehr danebenliegen können. Doch sollte die Schichtarbeit mich nicht allzu lange ‚bei Laune' halten.

An der Handelsschule hatten sie mir die Zulassung für die gymnasiale Oberstufe erteilt, und diese Option spielte ich glücklicherweise aus. Wenn ich an die Konstitution meines damaligen Ichs zurückdenke, ist es mir ein wenig schleierhaft, wie ich die Disziplin dazu aufbringen konnte. In meiner Welt drehte sich inzwischen alles darum, dass andere Geschlecht auf mich aufmerksam zu machen.

Nachdem die ‚Selbstverschandelung' meines Körpers einigermaßen abgeklungen war, die Hautprobleme sich zurückzogen, begannen sich die Blicke der Mädchen auf mich neu zu justieren. In ihnen lag nun gelegentlich eine Idee von Aufmerksamkeit, die mich sofort in ihren Bann zog.

Im Kontakt mit den ersten ein, zwei Frauen in meinem Leben entwickelte ich eine Art ‚Versorgersyndrom'. Vielleicht, weil ich die fortwährende finanziell angespannte Lage zu Hause im Hinterkopf behielt, wollte ich den Mädchen automatisch mehr bieten als ich eigentlich besaß. Ich gab reihenweise Getränke aus, lud ins Kino ein, und wunderte mich nicht schlecht, wie schnell die Summe auf dem Kontoauszug in sich zusammenschrumpfte.

Und mit einem Mal kehrte das beklemmende Gefühl von damals auf der Fähre zurück. Die alte Erinnerung wirkte nun weit weniger verblasst. Es herrschte Ebbe auf dem Konto. Ich musste etwas tun. Wie konnte ich das Thema aus dem Kopf kriegen – ein für alle Mal? Welche Tätigkeit würde mir bis zur Rente die monatliche Gehaltszahlung sichern?

Am Gymnasium unterrichteten sie uns in Wirtschafslehre, und hier wurde mir die Erkenntnis in den Kopf gepflanzt: Sorge für ausreichend Bildung und sichere dir einen guten Job. Soweit, so einleuchtend. Nur, welcher Job sollte das sein?

Planlos lauschte ich den Vorträgen meines Wirtschaftswissenschaftenlehrers – einer der wenigen Menschen mit Vorbildfunktion in meinem Leben.

Ich brauchte zwei Jahre, ehe ich begriff, dass ich meine zukünftige Arbeit womöglich die gesamte Zeit direkt vor der Nase gehabt hatte. Dann hatte ich es geschnallt: Nach dem Abitur würde ich auf Lehramt studieren.

Worauf noch warten – warum Leute keine Immobilien besitzen

Ein anderes Mal saß ich mit dem Freund eines guten Freundes zusammen. Er hatte davon gehört, dass ich mich mit dem Thema Immobilien befasste. Bei einer Feier in privatem Rahmen – dem runden Geburtstag unseres gemeinsamen Freundes – nutzte er die Gunst der Stunde. Unser Gespräch ist mir auch speziell deshalb in Erinnerung geblieben, weil der junge Mann – Thomas – ein Paradebeispiel für den Typus abgab, den ich gerne als den „ahnungslosen Skeptiker" bezeichne.

Er hatte sich nie eingehend mit der Materie befasst – war demnach bei Lichte besehen nichts anderes als: ahnungslos – und war dennoch zu einem generell negativen Urteil über die Sachlage gelangt. Immerhin – und das hielt ich ihm zu Gute – ließ ihm das Thema so wenig Ruhe, dass er auf mich zukam.

Und in diesem Fall wende ich eine goldene Regel an, die lautet: Jeder, der sich an mich wendet, kann mit meiner ehrlichen Einschätzung rechnen. Ich erzähle jedem dasselbe; egal, wie aufgeschlossen er oder sie gegenüber meinem Herzensthema sein möge.

Dieser Thomas jedenfalls stieg mit offenem Visier in den Dialog ein:

Thomas:

>„Hi, du bist also der Immobilien-Zocker, von dem hier alle reden?"

Der ImmobilienAdvisor:

>„Ehm, da muss ich dich vermutlich doppelt enttäuschen. Ich glaube erstens nicht, dass hier alle über mich sprechen, und außerdem bin ich zweitens Vieles, aber ganz bestimmt kein Immobilien-Zocker, was auch immer das sein möge?"

Thomas:

„Na, du hast dein ganzes Kapital in Immobilien gesteckt. Das geht so lange gut bis die nächste Krise kommt!"

Der ImmobilienAdvisor:

„Mhm, das ist jetzt höchstens die halbe Wahrheit, wenn überhaupt.

Wieso sollten bei einer Krise bloß Immobilienbesitzer ins Schwitzen geraten? Welche Anlagestrategie ist denn bitte per se immun gegen eine heraufziehende Krise? Aber was mich persönlich betrifft, kann ich dich da voll und ganz beruhigen:

Meine Immobilien sind sorgsam ausgewählt und ausgesprochen wertstabil. Ich habe mein Geld nicht in eine Blase gesteckt. Mit Zocken hat das nun wahrlich nichts zu tun."

Thomas:

„Aber musstest du nicht jede Menge Eigenkapital aufbringen, das jetzt vollständig in den Immobilien gebunden ist? Und dazu die Kredite, die Schulden bei der Bank, das ist doch alles nichts für schwache Nerven!"

Der ImmobilienAdvisor:

„Okay, eins nach dem anderen, wollen wir uns vielleicht setzen?"

Thomas:

„Gerne."

Der ImmobilienAdvisor:

„Zunächst mal das Eigenkapital, ja, davon hatte ich bei meiner ersten Immobilie etwas mitgebracht. Mein ehemaliger Job als Lehrer hat es mir erlaubt, ein bisschen was anzusparen.

Aber es ist heute keine Bedingung für den Immobilienerwerb, eine große Erbschaft oder ähnliches mitzubringen. Falls du das meinst?

Bei einer Immobilie mit einem nötigen Kreditrahmen von 200.000 €, oder vielleicht auch nur 150.000 €, für den Anfang, reden wir nicht von gigantischen Ersparnissen, die du vorweisen musst. Wer etwas auf seine Ausgaben achtet, ist auch mit einem Durchschnittsverdienst in der Lage, nach ein paar Jahren genug zur Seite gelegt zu haben, um einen aussichtsreichen Termin bei der Bank zu machen."

Thomas:

„Wieviel Prozent Eigenkapital benötige ich denn?"

Der ImmobilienAdvisor:

„Die Faustregel lautet: 20 % Eigenkapital, aber es geht auch schon was mit 15 % oder 10 %.

Das hängt stark von der Regelmäßigkeit und Sicherheit des Einkommens, also von deinem Arbeitsvertrag, ab. Bei ausgezeichneter Bonität, sprich einem sicheren Arbeitsplatz und gutem Einkommen, kannst du heutzutage auch eine 100 % oder sogar eine 115-%-Finanzierung bekommen.

Das bedeutet, dann ist gar kein Eigenkapital mehr nötig. Und die zusätzlichen Kosten für den Makler, den Notar, die Grunderwerbssteuer, die Gerichtskosten – als da z.B. wäre: die Freimachung des Grundbuchs beim Grundbuch-Amt – sind gedeckt. Aber diese „Überfinanzierung" ist zugegebenermaßen nicht der Regelfall."

Thomas:

„Ach so? Das bedeutet, ich kann mit einem gültigen Arbeitsvertrag und vernünftigem Umgang mit Geld allein schon so weit kommen?"

Der ImmobilienAdvisor:

„Definitiv! Ein angestellter Arbeitnehmer mit unbefristetem Vertrag und einem Nettoeinkommen von wenigstens 1.800 € kann sich lieber früher als später Gedanken über den Erwerb einer Immobilie machen, falls das sein Ding sein sollte. Möglich ist es."

Thomas:

„Aha, und wie stelle ich das am einfachsten an?"

Der ImmobilienAdvisor:

„Das ist wahrlich keine Zauberei. Das Wichtigste dabei ist, das Ganze von vorne bis hinten zu durchdenken und für sich als richtige Strategie zu erkennen. Dann kann's losgehen.

Etwa mit dem simplen Abschluss eines Bausparvertrags."

Thomas:

> „Uh, was? Bausparer, das sind doch Sockenbügler und Nagelscherengrashalmstutzer!"

Der ImmobilienAdvisor:

> „Klar, Bausparvertrag klingt nicht nach 50-€-Scheinen, mit denen man im Club um sich wirft. Aber sollte man einen solchen Clubbesuch als Sinnbild für's spätere sorgenfreie Leben ansehen, dann bringt einen der Bausparvertrag ans Ziel – während das direkte Verpulvern der Kohle im Nachtleben dies wohl eher nicht tut."

Thomas:

> „Na schön, aber gibt es nicht null Komma null Rendite bei einem Bausparvertrag?"

Der ImmobilienAdvisor:

> „Schon, aber eine nennenswerte Rendite gibt es heute auf dem Festgeldkonto auch nicht. Und schon gar nicht auf dem

Girokonto! Damit verglichen ist das Geld im Bausparvertrag immer noch wesentlich besser aufgehoben. Der Punkt ist bei diesem Unterfangen aber nicht die Rendite – der Punkt ist ein ganz anderer."

Thomas:

„Ja, welcher denn?"

Ich betrachtete den jungen Kerl einen Augenblick, wie er mich so von der Seite aus kleinen, fast schwarzen Augen ansah. Er war ein ahnungsloser Skeptiker, das strahlte er mit jeder Faser seines Körpers aus. Immobilien bedeuteten für ihn riskante Spekulation und hohe Schulden. Dieses Bild hatte sich – warum auch immer – fest in seinem Kopf verankert. Dabei schien er noch nicht mal genau benennen zu können, was überhaupt einen Bausparvertrag ausmachte? Ich wollte ihn gerne auf die richtige Fährte bringen.

Ich beugte mich kaum merklich, aber doch verschwörerisch genug, ein wenig in seine Richtung. Ich gebe zu, es macht immer wieder

Spaß, etwas Licht dorthin zu bringen, wo sich andernfalls viel zu viel Schatten ausbreiten kann.

Der ImmobilienAdvisor:

„Beim Bausparvertrag gibt es nach dem Ende der Ansparphase einen sicheren Kredit zu einem sehr günstigen Zinssatz. So, und die Immobilie, die du damit erwerben kannst, bringt dir später die sehr gute Rendite, nach der du dich eben erkundigt hast.

Vollumfänglich betrachtet lässt sich also sagen: Doch, ein Bausparvertrag als Eigenkapitalerzeugung, sozusagen, ist sehr wohl erstrebenswert."

Thomas:

„Okay, jetzt habe ich mich aber für ein Modell entschieden, bei dem ich in eine private Rentenvorsorge einzahle. Die ist fondsbasiert, ich bin gegen Totalverlust abgesichert, und erhalte mit 67 Jahren eine sichere Rente. Neben dieser monatlichen

Zahlung hätte ich jetzt nicht mehr viel Spielraum, einen Bausparvertrag zu bedienen."

Ich schaute mein Gegenüber mit ermutigendem Blick an, indem ich leicht mit dem Kopf wippte. Auch diese Reaktion war mir nicht neu. Nach einem kurzen Wortwechsel fingen die Leute häufig an, frei von der Leber weg von ihren privaten Vorsorgemodellen zu berichten, mir Einblicke in ihre finanzielle Situation zu gewähren. Ich erkannte dies ein ums andere Mal als Kompliment. Da ich seine Anerkennung als kompetenter Ansprechpartner gewonnen zu haben schien, wollte ich ihm möglichst nicht vor den Kopf stoßen.

Der ImmobilienAdvisor:

„Nun, da muss ich dir ganz offen sagen: Bei so einer privaten Rentenvorsorge kommst du vermutlich nicht jederzeit an dein Geld heran? Sie bieten dir Schutz gegen den Totalverlust, aber gleichzeitig bindest du dich an eine lange Laufzeit.

Wenn du als Freiberufler mit so etwas erst mit 30 Jahren anfängst, zahlst du immer noch volle 37 Jahre ein. Am Ende erhältst du eine Rente, aber größere Moves kannst du während der gesamten Laufzeit nicht machen.

Nochmal, das ist auch eine Typsache: Wenn dich der Gedanke an eine später sicher ausgezahlte Rente glücklich macht, und du von daher bereit bist, über die gesamte Laufzeit einzuzahlen, dann tue das. Allerdings musst du dir immer darüber im Klaren sein, dass du dich bei so einem Modell mit der Vertragsunterschrift tatsächlich auf lange Zeit an etwas bindest.

Bei Immobilien tust du das nicht automatisch. Und vor allem: Es gibt hier, bei den Immobilien, immer Wege, früher an dein Geld zu kommen, die es anderswo vielleicht nicht gibt."

Thomas:

„Wie das?"

Der ImmobilienAdvisor:

„Sieh mal; du kannst verkaufen, oder du kannst vielleicht ein weiteres Objekt erwerben und dein erstes als Sicherheit bei der Bank angeben. Du kannst vermieten und Einnahmen generieren, falls der Mietzins die Rate bei der Bank übersteigt. Dann hast du gleich Geld auf dem Konto, mit dem du arbeiten kannst. Nicht erst, wenn du 67 Jahre alt bist."

Mit Immobilien hast du wesentlich mehr gestalterische Möglichkeiten; du kannst progressiv an deinem Kapitalaufbau arbeiten

„Du behältst die Zügel in der Hand, wenn du so willst."

Thomas:

„Okay, könntest du das für mich, der kein nennenswertes Eigenkapital besitzt, nochmal ganz konkret machen, wie das mit dem Bausparvertrag funktioniert?"

Der ImmobilienAdvisor:

„Na klar! Dein Vorteil bei der Sache ist: Du bist jung, du hast einen sicheren Arbeitsvertrag? Dann fang heute an, Geld beiseite zu legen.

Nehmen wir ein Beispielmodell für einen Bausparvertrag über 70.000 Euro, in Ordnung?

Auf dem Land habe ich schon zig Objekte für unter 70.000 Euro gesehen, die als Startimmobilie trotz alledem brauchbar wären, weil ein nötiges Minimum an Infrastruktur vorhanden ist. Mehr muss es für den Anfang nicht sein.

Dann gehen wir von 7 Jahren Ansparphase aus, in denen du 40 % einzahlst. Anschließend kommen die restlichen 60 % als Kredit von der Bank zu derzeit z.B. 0,8 % Zinsen."

Die Differenz zur Bausparsumme wird dir garantiert zur Verfügung gestellt, nach Ende der Ansparphase

Wir reden hier von einem Kredit zu sehr günstigem Zinssatz. Wenn du dich sonst – und das gilt insbesondere für Freiberufler – umschaust, ohne etwas angespart zu haben, wirst du geringere Kredite zu viel höheren Zinssätzen angeboten bekommen.

Hast du den Kredit aus dem Bausparvertrag erhalten, kannst du ein Objekt erwerben und es vermieten.

Mit den Mieteinnahmen bedienst du die monatlichen Raten und erzielst beispielsweise 4 % Tilgung im Jahr.

Nach 25 Jahren – in Summe ab heute gerechnet – gehört die Wohnung dir, die Mieteinnahmen stehen dir nun als passives Einkommen zur Verfügung. Wenn du heute 20 Jahre als bist, ist das deine Situation mit 45 Jahren. Kein schlechter Gedanke, oder?

Und wenn es gut läuft, bist du bis dahin bei deiner zweiten oder sogar dritten Immobilie angelangt, die du parallel vermietest. Der Bausparvertrag ist besser als sein Ruf unter jungen Leuten: Er ist eine Art ‚abgespeckte eierlegende Wollmichsau' – sieht man von den fehlenden Zinsen ab. Du kannst während der Ansparphase jederzeit an dein Geld, oder du kannst eine andere Summe festlegen, die du ansparen willst – und dafür wird keine neue Abschlussgebühr fällig.

Und am Ende erhältst du einen günstigen Kredit, der dir den Einstig in den Immobilienmarkt ermöglicht.

Thomas:

„Mit dem Vermieten als Strategie, also, da muss ich sagen: Ich verbinde das mit Stress. Ehrlich gesagt. Ich habe ja keine Ahnung davon, bin nicht handwerklich begabt. Wie soll ich da den glaubwürdigen Vermieter spielen? Und wenn was kaputtgeht, dann zahle ich das?"

Der ImmobilienAdvisor:

„Also, zunächst mal, ich verstehe sehr gut, was dir da alles durch den Kopf schießt. Ich war Lehrer – das ist vielleicht auch nicht grade der Job, den man mit einem typischen Vermieter verbinden würde? Andererseits, was ist denn bitte ein typischer Vermieter? Ein Vermieter kann jeder sein, der Eigentum besitzt, aber nicht selbst darin wohnen will.

Vermieter ist kein Ausbildungsberuf.

Ein Opa kann Vermieter sein, ein Banker kann Vermieter sein, du kannst Vermieter sein. Der Background einer Person spielt zunächst mal überhaupt keine Rolle. Und dann ist die Frage: Was löst denn den Stress aus? Ist es eher die Vorstellung von möglichem Stress?

Denn Stress kann es auch mit einer Lebensversicherung geben, die du abschließt. Das ist dann ein anderer Stress, weil du nach 10 Jahren merkst: Mein Geld wird eher weniger als mehr wert, der Zinssatz spielt nicht mit, wie erhofft, die Inflationsrate zieht an.

Und was den ganz alltäglichen Stress mit Immobilien betrifft, dafür gibt es Immobilienverwaltungen. Die kannst du zwischenschalten, sozusagen, dann hast du mit den Mieter selbst kaum oder gar nicht zu tun.

Dazu kannst du einen Hausmeisterservice buchen. Die monatliche Abrechnung, die Kontrolle des Zahlungseingangs usw. wird dir dann vollständig abgenommen, und du musst nicht höchstpersönlich ausrücken, Glühbirnen auswechseln und Hausflure streichen.

Wenn du das möchtest, kannst du dir ein Rundum-Sorglos-Paket buchen. Das gibt es schon ab ca. 40 Euro pro Monat und Wohneinheit."

Thomas:

„Und was ist mit dem Elektriker, dem Schornsteinfeger, und wer da noch so alles rumrennt?"

Der ImmobilienAdvisor:

„Das kannst du alles ebenfalls komplett über den Immobilienverwalter laufen lassen, oder du stellst selbst den Kontakt her, indem du dich über die örtlichen Elektriker usw. informierst.

Da hilft ein Blick in die Online-Suche, oder du erhältst vielleicht einen Tipp von Freunden oder Bekannten, die gute Erfahrungen mit einer Firma gemacht haben."

Thomas:

„Okay, den ganzen ‚Kleinkram' hätte ich damit von der Backe. Aber was ist mit größeren Reparaturen, die ich als Vermieter übernehmen muss?"

Der ImmobilienAdvisor:

„Größere Reparaturen vermeidest du, indem du bei der Besichtigung des Objektes ganz genau hinsiehst. Das ist ein eigenes Thema für sich."

> *Buch-Wegweiser: Hier nochmal der Hinweis: Was Sie bei einer Besichtigung unbedingt beachten müssen, erfahren Sie auf Seite 155.*

Setzen wir jetzt mal voraus, du hast eine Wohnung gefunden, bei der keine versteckten Überraschungen auf dich warten, dann gibt es verschiedene Möglichkeiten:

Nach 5 bis 10 Jahren kannst du etwa einen Modernisierungskredit aufnehmen. Das wird gefördert von der KFW, der Kreditanstalt für Wiederaufbau. Ein Name, den man als Immobilienbesitzer mal gehört haben sollte.

Und dann ist es natürlich immer wichtig, einen Puffer für Reparaturen auf dem Konto zu haben – 5.000 Euro sollten es schon sein. Nehmen wir ein Haus zu einem Preis von 150.000 Euro, die Renovierung kostet nochmal 30.000 Euro, dazu kommen noch die Nebenkosten von 15.000 Euro, das macht zusammen 195.000 Euro. Jetzt solltest du versuchen, deinen benötigten Puffer schon beim Kreditabschluss mit rauszuholen.

Wenn das Haus es hergibt, der Wert in diesem Rahmen so darstellbar ist, dann erhältst du den Puffer von der Bank, und landest folglich bei 200.000 Euro Kreditsumme. Wenn dann mal etwas Kleines kaputtgeht, können der Aufwand und die zu realisierenden Reparaturen nervig sein, aber das ist am Ende meistens immer noch ein Appel und ein Ei im Vergleich zur Rendite, die die Immobilie über die Jahre abwirft.

Als Expertentipp vertraue ich dir Folgendes an: Lass' dir beim Termin mit dem Notar 10 % mehr als Grundschuld eintragen. Gibt anschließend etwas Größeres – wie z.B. die Heizung – den Geist auf, und du benötigen 15. 000 Euro, kann dir ein weiterer Kredit gewährt werden, ohne dass du eine zusätzliche Sicherheit angeben musst. Du musst nicht erneut zum Grundbuchamt, und sparst 500 Euro. Bitte beachten: Dies funktioniert natürlich nur, insofern du nicht etwa beabsichtigen, bei einer anderen Bank einen zweiten Kredit aufzunehmen."

Thomas:

> „Okay, das macht ja alles Sinn. Aber trotzdem: Du bist zunächst mal hochverschuldet bei der Bank, 200.000 Euro, das ist ja nicht nichts. Wie gehst du damit um?"

Ich atmete kaum merklich etwas schärfer ein und wieder aus; ein unterdrücktes Seufzen, das ich mir genehmigte. Die Angst vor Schulden, bzw. das falsche Verständnis von Schulden, es war das Thema schlechthin für die Riege der ahnungslosen Skeptiker. Aber ich glaubte zu spüren, dass ich Thomas bereits ein wenig aus der Klemme geholfen, seine festgefahrenen Ansichten zumindest etwas gelockert hatte. Nun würde ich ihm noch den Zahn mit den Schulden ziehen. Natürlich – ganz sachte. Nicht umsonst lautete meine Devise: Mache Schulden und werde reich!

Der ImmobilienAdvisor:

> „Mach dich mal frei von dem lähmenden Schuldengedanken. Es gibt Schulden – und es gibt Schulden.

Wenn dir ein Freund 2.000 Euro leiht und du fliegst davon in den Urlaub, dann hast du sehr konkret diese Summe an Schulden bei ihm. Das Geld ist für die schöne Zeit am Meer draufgegangen, das Geld ist: futsch! Wer sich einen Neuwagen anschafft, der fährt mit dem Wagen vom Hof des Autohändlers und hat in diesem Augenblick 20 % des Listenpreises an Geld verloren. Auch diese 20 % sind unwiederbringlich verloren. Ganz anders verhält es sich bei einem Immobilienkredit. Dort stehst du mit den angenommenen 200.000 Euro bei der Bank in der Kreide – ein hübsches Sümmchen – aber dieses Geld ist ja nicht weg. Aus der virtuellen Zahl auf dem Bankkonto ist ein realer Gegenwert aus Stahl und Beton geworden: die Immobilie. Stell dir die 200.000 Euro nicht als alles verschluckendes Loch vor, sondern stell sie dir als Anzahlung auf deine rosige Zukunft vor.

Das Geld ist noch da, du kannst hineingehen und darin herumspazieren!

Bitte beachte dabei: Wir sprechen von gebrauchten Objekten. Bei einem Neubau können die Baukosten den Objektwert überschreiten. Und nun wird es ganz wichtig:

Wenn du es wie ich machst, bist du mit Abschluss des Kreditvertrages und dem Erwerb des Objekts tatsächlich sogar schon im Plus

Ich kaufe nämlich gebrauchte Objekte für den Betrag x, die ich anschließend für den Betrag y renoviere und erhalte ein Objekt mit dem neuen Wert z. Und z ist jedes Mal größer als x und y zusammengenommen. Der Trick ist, eine Immobilie für den Preis x zu erkennen, und sich ganz konkret vorstellen zu können – bis ins letzte Detail – wie man aus diesem Objekt eine Immobilie mit dem Wert z macht."

Thomas:

> „Ja, und wie machst du das?"

Der ImmobilienAdvisor:

> „Nur als Beispiel: Ist das Bad in der Wohnung dringend renovierungsbedürftig, dann ist das nicht schlecht.
>
> Das typische Pärchen besichtigt das Objekt – und die Dame geht rückwärts aus dem Bad wieder raus. Er pflichtet ihr bei. Wer will heute schon noch die grünen Fliesen an der Wand, wie Oma sie hatte, als sie noch jung war?
>
> Ich sehe im selben Objekt bei der Besichtigung ein zu renovierendes Bad für die Summe y und male mir im Kopf bereits das Objekt hinterher aus, das dann im besten Fall den höheren Wert z besitzt."

Der ganze Trick bei der Sache ist, nicht das Objekt zu sehen, sondern das Objekt, wie es sein könnte – und sein wird!

„Deine Verbindlichkeit ist natürlich die monatliche Rate bei der Bank, aber als Mieter hast du gleichfalls eine monatliche Verbindlichkeit gegenüber deinem Vermieter. Und während du bei der Abbezahlung der Immobilie in einen Wert investierst, das Objekt Stück für Stück zu deinem Eigentum wird, ist das Geld für die Mietwohnung ganz einfach: weg.

Sobald du das Objekt vermietest, wird die Sache erst richtig interessant, denn nun zahlt ein anderer monatlich die Raten für dich. Im besten Fall hat die vorgenommene Renovierung den Wert der Immobilie so erhöht, dass du einen Mietzins veranschlagen kannst, der die Bankrate übersteigt."

Das findet bei mir bei 100 Prozent der Immobilien statt. Und in meinen Seminaren gebe ich die Tools, die dafür nötig sind, an die Teilnehmer weiter

Thomas:

„Das ist schon alles einleuchtend, aber trotzdem binde ich mich doch für eine lange Zeit?"

Der ImmobilienAdvisor:

„Woher kommt dieser Eindruck, wer sagt das?"

Thomas:

„Ja, meine Großeltern beispielsweise. Die haben gebaut, hatten Baumängel, die sich erst im Nachhinein herausgestellt haben, und hohe Kosten – und mussten ihr Haus ein halbes Leben lang abbezahlen."

Der ImmobilienAdvisor:

„Das ist sehr interessant, was du da erzählst. Denn das höre ich nicht zum ersten Mal. In den Köpfen existiert diese falsch überlieferte Vorstellung von Bindung, wie ich es nenne.

Man muss die Dinge klar auseinanderhalten. Zum einen: Der Neubau bedeutet immer ein ganz anderes Unterfangen als die gebrauchte Immobilie, logisch. Auch heute noch zeigen sich die von dir angesprochenen Baumängel häufig erst nach Jahren. Das kann dann eine echte Kostenexplosion bedeuten. Deshalb spreche ich mich immer glasklar für gebrauchte Immobilien aus. Es ist mein Weg, auf dem Markt erfolgreich zu sein. Und der Zweite Punkt ist das Abstottern der Zinsschuld – eine Erinnerung an einen Umstand, die ebenfalls bleischwer in den Köpfen zu hängen scheint. Früher, für vorherige Generationen, waren die höheren Zinsen real.

Es war real, lange Zeit erst nur die Zinsen abzubezahlen, ehe es an die eigentliche Tilgung ging. Aber das ist vom Tisch, heute bietet sich uns eine ganz andere Situation. Wir fangen praktisch gleich – bzw. wesentlich früher als noch vor 10, oder sogar 20 Jahren – damit an, einen größeren Teil der Kreditsumme abzubezahlen. Du siehst also: Solange die Zinslage bleibt, wie sie ist, braucht man einen Kredit nicht zu fürchten.

Wenn du dich hier auf der Party umsiehst, dann kannst du Menschen beobachten, die tagtäglich mit Risiken konfrontiert sind. Wir alle gehen ständig Risiken ein, im Alltag, beim Sport, im Berufsleben. Aber selten ist das Risiko so zu vernachlässigen – gegenüber den großen Chancen, die sich bieten – wie bei Immobilien."

Wir sahen in die Runde. Thomas Wissensdurst schien fürs Erste gestillt. Ich klopfte ihm auf die Schulter. Er quittierte die Geste mit einem Grinsen.

Ich erhob mich und mischte mich unter das Partyvolk. Thomas lief mir an diesem Abend – für eine mögliche Fortsetzung unseres Gesprächs – nicht noch einmal über den Weg. Doch erst vor wenigen Monaten hat mir mein guter Kumpel berichtet, Thomas habe sich ein paar Jahre später eine Eigentumswohnung gekauft. Sicherlich war das sein eigener Entschluss. Und es braucht seine Zeit, bis er ihn gefasst hatte. Aber ganz bestimmt hatte es kaum etwas mit unserem kurzen Aufeinandertreffen von damals zu tun – oder etwa doch?

Aber noch viel wichtiger: Wie steht es um Sie? Um Ihre Planung für den Einstieg in den Immobilienmarkt voranzutreiben, informieren Sie sich gerne über das individuelle Coaching- und Seminarangebot auf MeinImmobilientipp.de

Wo fange ich an? Eine Standortbestimmung

Vielleicht sind Sie gleich zu diesem Abschnitt des Ratgebers gesprungen. Oder Sie haben sich bis hier hin durchgeblättert. So oder so stehen wir nun vor der Frage: Wie fange ich an?

Eine Standortbestimmung klingt nicht sonderlich aufwendig – ist sie auch nicht – doch gerade Freiberufler schätzen ihre Situation oft falsch ein. Andere habe die feste Vorstellung eines Neubaus im Kopf, und merken erst Jahre später, dass sie sich verhoben haben. Die Leute verlieren die Flexibilität, die ungemein wichtig ist, um sich nicht einzubetonieren – im wahrsten Sinne des Wortes. Da wird etwa ein Architekt ins Boot geholt, für zigtausende Euro, und nach 5 Jahren stellt man als Eigentümer fest: Man hätte am liebsten alles ganz anders gemacht! Von möglichen Schäden beim Neubau, die teilweise erst nach 6 bis 7 Jahren auftreten können, war weiter oben schon die Rede.

So mancher bringt sich in Schwierigkeiten, weil er seine persönliche Situation nicht von Anfang an richtig bewertet hat. Wieder andere kommen gar nicht erst, also nie, an eine eigene Immobilie – obwohl Sie die Möglichkeit dazu hätten – weil Sie ihr eigenes finanzielles Potenzial unterschätzen.

Eine grundsätzliche Erörterung der eigenen finanziellen Spielräume sehe ich deshalb als unerlässlich an. Wir sollten uns an dieser Stelle die Zeit dazu nehmen! Plus die Frage: Was will ich mit der ersten Immobilie, die ich erwerbe, überhaupt anfangen?"

Wenn Sie die vorherigen Abschnitte gelesen haben, wissen Sie bereits, was ich propagiere: gebrauchte Objekte auswählen, und diese vermieten. Mach Schulden und werde reich.

So einfach ist das. Viele erliegen dem Irrtum: Wenn ich schon ein Haus kaufe, dann muss alles perfekt sein – ich sage: Quatsch, man kann etwas Solides kaufen und vermieten. Sie glauben nicht, wie hoch die Nachfrage nach Mietwohnungen ist! Tendenz steigend und steigend. So einfach ist das.

So habe ich meinen Weg zur finanziellen Unabhängigkeit begonnen – und diesen Weg können auch Sie beschreiten.

Kommen wir nun nochmal auf die Flexibilität zu sprechen. Sie spielt bei der Planung des gesamten Immobilienprojekts eine zentrale Rolle. Natürlich dürfen Sie mit einem Objekt liebäugeln, dass Ihren Kreditrahmen übersteigt. Die nächstteureren Objekte – nur ein wenig jenseits des persönlich oder von der Bank gesetzten Rahmens – sind stets die reizvollsten!

Doch ich rate Ihnen von ganzem Herzen: Planen Sie eine Nummer kleiner. Es ist nie gesund, seine finanziellen Spielräume voll auszureizen.

Doch der Reihe nach. Wissen Sie über Ihre Kreditwürdigkeit bescheid? Gut. Wenn nein, bringen Sie sie in Erfahrung. Am besten gleich morgen. Machen Sie einen Termin bei Ihrer Hausbank. Dieses Kreditinstitut kennt Ihre Kontobewegungen vielleicht schon seit Jahren oder Jahrzehnten und wird Ihnen einen guten Richtwert Ihres Kreditrahmens nennen. Vergleichen Sie diesen Wert mit mindestens einem anderen Angebot einer anderen Bank. Danach haben Sie Klarheit.

Einfluss auf Ihren angebotenen Kreditrahmen haben die folgenden Kriterien: Wie sicher ist Ihr Job; sind Sie etwa unbefristet angestellt? Oder arbeiten Sie als Selbständiger? Wenn ja, wie lange schon? Und welches Durchschnittseinkommen erzielen Sie dabei? Falls Ihnen Ihre Einkünfte zu gering erscheinen, um einen Immobilienkredit zu erhalten – werfen Sie nicht gleich den Laubbläser ins Gebüsch! Vielleicht kann jemand für Sie bürgen? Besitzt jemand aus Ihrer Familie ein Eigenheim, welches als Sicherheit angegeben werden könnte?

Scheuen Sie sich nicht vor dem Termin bei der Bank. Er gibt Ihnen Aufschluss darüber, wo Sie stehen. Wichtig ist, dass Sie Ihren Handlungsspielraum erkennen und begreifen. Und wenn Sie nächste Woche noch keinen ausreichenden Kredit erhalten, dann beginnen Sie dennoch mit der Ansparphase für Ihr Eigenkapital – und werden in einigen Jahren unter anderen Voraussetzungen zur Bank gehen können. Vielleicht steigen Sie auch beruflich auf, machen eine Erbschaft, oder kommen in eine Beziehung, die Sie in eine optimierte finanzielle Lage bringt.

Wichtig ist, dass Sie ab sofort Klarheit über Ihre Situation haben und damit beginnen – durch aktives Ansparen, durch Bewerbungen auf einen möglichst sicheren Job, – sich für den Einstieg in die Immobilienwelt zu wappnen.

Money, money, money – So gelangen Sie an den besten Kredit

Während ich das Manuskript für diesen Ratgeber zu Papier brachte, erzählte ich einigen Freunden von meinem Projekt. „Würde ich sofort lesen, wenn es aus deiner Feder kommt.", war eine spontane Reaktion, über die ich mich sehr freute. „Du tust das seit Jahren. Du hast damit Erfolg. Also ergibt es Sinn, die Dinge einfach mal aufzuschreiben.", meinte ein anderer. Und ein Dritter fragte mich am Telefon: „Wie kommst du eigentlich an die ganzen Kredite ran?"

Im ersten Augenblick verstand ich nicht, wie das gemeint war. Zu oft hatte ich bei der Bank gesessen – nicht nur wegen Immobilien-, sondern auch wegen anderen, z.B. PKW-Krediten – über Konditionen brütend, die mir der Bankberater bereitstellte. Ein Angebot für einen Kredit einzuholen, eine Finanzierung für ein Objekt auf die Beine zu stellen, kam mir vor wie das Kleine 1 x 1 des Immobilienerwerbs.

Beherrschte das nicht jeder?

„Ich habe keine Ahnung, wie man es anstellt, am Ende mit dem besten Kredit aus dem Termin zu gehen.", entgegnete der Kumpel offen und ehrlich. Damit war die Sache klar!

„Na, wenn das so ist, dann denke ich, wir sollten ganz schnell ein kleines Gespräch für das Buch führen", antwortete ich ihm, „falls es dir grade passt?"

Wenig später rief der Kumpel mich über Face-Time zurück, und wir widmeten uns in aller gebotenen Ausführlichkeit dem folgenden Aspekt:

Wie komme ich an den Kredit, der zu mir passt?

Der ImmobilienAdvisor:

> „Das Beste, was du tun kannst, um etwas über deinen Kreditrahmen zu erfahren, ist, zu deiner Hausbank zu gehen. Hier bist du als langjähriger Kunde bekannt.

Die Bank hat die beste Beziehung zu dir. In jedem Fall haben sie Einsicht in deine Einnahmen und Ausgaben der letzten Jahre. Auf dieser Basis können sie deine Kreditwürdigkeit einstufen."

Marc:

„Gut, ich rufe da an, und sage...?"

Der ImmobilienAdvisor:

„Du rufst da an und bittest um einen Termin zum Gespräch über Finanzierungsmöglichkeiten für eine Wohnimmobilie. Fertig. Dann erhältst du ein Datum, auf das du dich ein wenig vorbereiten kannst. Bei der Bank beschreibst du dem Berater dann, was du vorhast, also ob es um ein Objekt zur Eigennutzung oder zur Vermietung geht.

Dein Auftreten sollte selbstsicher sein, deine Ansprache klar und deutlich. Vielleicht bringst du auch eine Beispielrechnung mit, aus einem Online-Rechner.

In diesen kannst du im Vorfeld eingeben, wo deine monatliche Rate liegen wird bei, sagen wir, 2 % Zinsen. Damit zeigst du, dass du dich bereits mit der Materie befasst hat.

Am besten bringst du auch deine letzten drei Gehaltsnachweise und deinen Arbeitsvertrag direkt mit zum ersten Termin. Falls vorhanden, kannst du natürlich auch schon eine Mappe zu einem ausgewählten Objekt mitbringen.

Dazu solltest du die ungefähre Finanzierungssumme nennen können, die du benötigst, um das Objekt in den gewünschten finalen Zustand umbauen zu können. Bei alledem sollte dein Vortrag nicht schwammig wirken, sondern du solltest möglichst solide Daten und Fakten anbieten können. Ja, und daraufhin wir der Immobilienfinanzierungsexperte dir den Kreditrahmen berechnen und mitteilen. So läuft das."

Marc:

„Dann habe ich eine Hausnummer, an der ich mich orientieren kann?"

Der ImmobilienAdvisor:

„Du erfährst relativ rasch, wo du stehst, richtig. Kommst du auf 100.000 Euro, oder auf 300.000 Euro? Es gilt, das schlicht und einfach in Erfahrung zu bringen, und nicht ewig vor sich herzuschieben. Nur wenn du schwarz auf weiß vorliegen hast, welchen Kreditrahmen eine Bank bereits ist, dir einzuräumen, kannst du wirklich aktiv werden, logisch!"

Marc:

„Und diese Summe, und die Konditionen dazu, die mir der freundliche Herr von der Bank nennt, die sind dann in Stein gemeißelt?"

Der ImmobilienAdvisor:

„Nicht notwendigerweise. Die Konditionen lassen sich später noch modifizieren. Der Banker hat gewisse Spielräume, welche Parameter er zur Berechnung eingeben kann."

Marc:

„Was heißt das genau?"

Der ImmobilienAdvisor:

„Da wäre die Möglichkeit den Kredit beispielsweise über 10 Jahre laufen zu lassen, oder aber über 15 Jahre mit fester Zinsbindung, oder noch viel länger. Bei lediglich 10 Jahren Laufzeit wird der Zinssatz attraktiver sein, bei 15 Jahren hingegen ist die Zinssicherheit für den Hauskäufer länger, ganz einfach gesagt.

Intern bei den Banken gibt es oft Finanzierungsprogramme, von denen der Banker weiß. Nehmen wir als Beispiel an:

Die Bausparkasse hat grade ein Finanzierungsprogramm, bei dem sie bis zu 40 % des Gesamtkredits übernimmt, und das zu einem ganz geringen Zinssatz.

Der daraus resultierende Mischzinssatz fällt dann geringer aus. Dann haben wir 1,3 % statt 1,5 %, als Beispiel. Das kann am Ende schon einen Unterschied von 10.000 oder 15.000 Euro ausmachen.

Der Banker selbst verfügt über einen gewissen Handlungsspielraum. Bei einem Modernisierungskredit, den ich mir mal besorgt habe, konnte der Berater über eine Spanne von 0,5 % frei entscheiden. Er konnte mir also einen Kredit zu 1,6 oder lieber zu 2,1 Prozent anbieten.

Wahnsinn, oder? Dazu musst du wissen: Die Banken sind generell dazu angehalten, das Geld möglichst wegzugeben, damit sie bei der EZB keinen Strafzins zahlen müssen.

Der Bank ist es also lieber, der Kredit platzt nicht; der Kunde – also du – kann den Zinssatz bis zum Ende der Laufzeit abbezahlen, als einen höheren Kreditzins anzusetzen, der dem Kreditinstitut um die Ohren fliegt.

Erkundige dich also immer nach den Angeboten von Bausparkassen oder der KfW, der Kreditanstalt für Wiederaufbau. Die fördert Eigenheime, stammt ursprünglich noch aus Nachkriegszeit, und kann – bis heute – gute Angebote bereithalten."

Marc:

„Würdest du sagen, die persönliche Beziehung, die Sympathiepunkte spielen ebenfalls eine Rolle beim Banktermin?"

Der ImmobilienAdvisor:

„Immer! Der Banker hat einen Handlungsspielraum, soviel ist gewiss. Die Frage bleibt nur, wie er diesen ausreizt.

Aber wir reden hier von ‚good old' Kundenkontakt. Da kann Sympathie plus professionelles Auftreten des Kunden definitiv einige Null-Komma-Prozentpunkte ausmachen. Diese Behauptung würde keine Bank so offiziell unterschreiben, aber im Gespräch merke ich, ob sich der Berater voll reinhängt, oder ob er den Termin eher abfrühstückt."

Marc:

„Außer der Hausbank, was geht denn noch, wenn ich dort gewesen bin?"

Der ImmobilienAdvisor:

„Ein Online-Kreditvergleich empfiehlt sich immer, aber bei der Hausbank hast du gleich einen festen Ansprechpartner und sie haben deine langjährigen Bilanzen aus erster Hand vorliegen.

Die Online-Bank kommt da anonymer daher. Ich schätze den persönlichen Kontakt vor Ort.

Insbesondere wenn man dort zum zweiten Mal erscheint und das nächste Objekt kaufen will. Der Banker kann gleich hochgehen zur nächsten Etage, wenn er eine Genehmigung braucht. Ein bisschen ist es da wie bei den Verkäufern im Elektronikmarkt, die dir einen Rabatt gewähren könnten, wenn sie es denn wollten – auch wenn das natürlich nicht offiziell ist. Aber Sympathie und die Präsenz als langjähriger Kunde ermöglicht dir bessere Prozente bei deiner Hausbank."

Marc:

„Ich habe da aber mal vor Jahren von ganz gewaltigen Unterschieden gehört, was den Vergleich zwischen den einzelnen Banken betrifft?"

Der ImmobilienAdvisor:

„Früher ist dies auch sicherlich der Fall gewesen. Aber da ging es um einen Zinssatz von 4, 5 % oder mehr! Da war die Situation eine andere, weil sich für die kreditgebenden Institute wesentlich mehr

Spielraum geboten hat. Natürlich kann es auch heute noch vorkommen, dass bei der Recherche plötzlich eine mehr oder weniger ominöse Bank im Internet aufplöppt, deren Angebot um 0,3 % besser ist als das der anderen.

Aber zu der Bank muss du dann alles hinschicken, den ganzen Papierkram, die Bonitätsprüfung usw. Und ob sie dir den Kredit nachher tatsächlich so freigeben, wie in dem Pop-Up-Angebot suggeriert, das steht auf einem ganz anderen Blatt. Die versuchen dich natürlich erstmal heranzuziehen, deine Kundendaten als Kreditsuchender zu kriegen, aber das kann dann unter Umständen unnötige Mühe für nichts sein."

Marc:

„Du sagst also, es sind nicht ausschließlich die nackte Zahlen, die entscheiden?"

Der ImmobilienAdvisor:

„Nein, ich würde den persönlichen Faktor nicht unterschätzen. Auch wenn wir uns in der kalten Welt der Zahlen und Bilanzen bewegen, meine Erfahrung sagt: Grade, wenn es etwas knapp zu werden droht mit der Rate, kann es auf die persönliche Präsentation und die Beziehung hinauslaufen, die den positiven Ausschlag gibt. Natürlich gibt es die rohen Zahlen.

Aber der Berater hat immer Möglichkeiten, das Berechnungstool auf die eine oder die andere Art anzuwenden. Bei der Online-Kreditvergabe wirst du über ein Ampelsystem eingestuft: rot, gelb, grün. Bei einem Berater erhältst du: eine Antwort.

Es gibt Banker, die gucken in die Schufa, und es gibt Banker, die gucken dir ins Gesicht

Das Quäntchen Auftreten und Sympathie macht aus einem guten einen sehr guten Kredit. Der Banker wird auf diese Weise nämlich irgendwann aufrichtig an einer Lösung interessiert sein.

Ab einem gewissen Punkt wechselt der Banker die Schreibtischseite, sozusagen, und berechnet mit dir *gemeinsam*. Und selbst wenn die Antwort lauten sollte: Sparen Sie in den nächsten drei Jahren 10.000 Euro an. Du wirst auf diesem Weg leichter und besser beraten zu dem Kredit kommen, den du dir erhoffst, als anderswo."

Marc:

„Was kann ich denn noch vorbereiten, um meine Chanen zu optimieren?"

Der ImmobilienAdvisor:

„Als kleiner Tipp: Schau in deine Schufaauskunft rein, was da so aufgelistet ist. Manchmal befinden sich beglichene

Kredite noch im System – teilweise noch bis zu einem ganzen Jahr später.

Damit verhält es sich folgendermaßen: Die Bank meldet an die Schufazentrale, wenn ein Kredit gestellt wird. Dieselbe Bank meldet es aber manchmal nicht weiter, wenn der Kredit abbezahlt wurde.

Ist das der Fall, solltest du umgehend die Schufa kontaktieren, und um eine Löschung des Eintrages bitten."

Marc:

„Und wenn ich noch einen tatsächlichen Kredit laufen habe, der in der Schufaauskunft auftaucht?"

Der ImmobilienAdvisor:

„Dann solltest du kreativ werden und sehen, ob etwa Verwandte bereit sind, den Kredit abzulösen. Falls ein aktiver Kredit in der Schufaauskunft besteht, sollte man über ein privates Darlehen dafür sorgen, dass dieses Manko aus der Liste verschwindet.

Hast du beispielsweise einen Autokredit aufgenommen, solltest du diesen umgehend privat ablösen, oder du weist beim Bankgespräch daraufhin, dass du das teure Auto verkaufen wirst. Hauptsache, du wirst den Kredit los.

Zum Zeitpunkt der Unterschrift muss die Schufa blitzeblank sein – insofern anderenfalls der Deckungsbeitrag nicht gegeben wäre. Da rate ich zu keinen halben Sachen.

Nach der Unterschrift hast du dann wieder mehr theoretischen Spielraum. Damit sind wir beim Thema Eigenverantwortung angelangt: Ich rate zur Mäßigung! Übernimm dich nicht mit parallellaufenden Krediten.

Als zusätzliche ‚Option' kannst du auch die Möglichkeit in Erwägung ziehen, eine Lebensversicherung bei der Bank abzuschließen, um den Kredit abzusichern.

Eine für diesen Zweck optimierte Lebensversicherung, die mit fortschreitendem Alter im Todesfall weniger auszahlt, gibt es zu günstigeren Raten, und der Hauskredit ist trotzdem abgesichert. So etwas kann im Einzelfall das Gesamtpaket für die Bank komplettieren. Denn das größte Risiko für das Kreditinstitut ist immer der Hauskäufer selbst."

Marc:

„Die wollen möglichst genau wissen: Wer ich bin?"

Der ImmobilienAdvisor:

„Definitiv wollen sie das. Die wollen in Erfahrung bringen: Hat der ein geregeltes Leben mit Frau, Kind und Hund?

Oder ist er ein rastloser Single, der heute dieses Projekt anschiebt und morgen schon wieder ein ganz anderes.

Da solltest du dich keinen Illusionen hingeben. Bei der Bank wirst du gescannt wie beim Sicherheitscheck am Flughafen. Die interessieren sich sehr genau für dich, und zwar nicht, weil sie auf der Suche nach neuen Freunden sind! Die suchen nach verlässlichen Kunden, bei denen sie ihr Geld parken können. Aber das muss nichts Schlechtes sein. Die Chancen standen nie günstiger als heute, um von dem Kreditvergabesystem zu profitieren."

Marc:

„Okay, alles klar, danke dir!"

Der ImmobilienAdvisor:

„Na, aber sehr gerne doch!"

Und damit beendeten wir den Videoanruf, weil auf der Seite meines Kumpels plötzlich fröhlich Kind und Hund ins Zimmer geplatzt kamen. Aus dem Off hörte ich seine Frau nach den beiden rufen. Ich grinste. Marc würde sicherlich einen guten Eindruck hinterlassen bei seiner Bank.

Ein Job ist ein Job ist eine Chance

Damals, nach dem Abitur, stürzte ich mich ins Lehramtsstudium als hinge mein Leben davon ab. Tja, in gewisser Weise tat es dies ja auch! Wo andere die Welt bereisten, sich in einer genüsslichen Auszeit verloren, stürzte ich mich kopfüber in die Ausbildung zum Lehrer. Zugegeben, ich besaß keinerlei Geld, um alternativ für zwei Monate nach Australien zu fliegen. Mein Vater befand sich in einer kräftezehrenden Insolvenz, meine Mutter verfügte nach wie vor über ein sehr geringes Einkommen. Und ich verschwand bis zu den Schultern in einem aufgeschlagenen Gesetzestext – denn ich wollte Bafög beantragen. Zeit ist Geld, lautetet die Erkenntnis – auch beim staatlichen Studierendenkredit.

Ich stürmte durch das Studium wie ein Berserker: Im zweiten Semester absolvierte ich die Zwischenprüfung, die gewöhnlich erst im vierten Semester auf dem Plan steht. In sieben statt den angesetzten acht Semestern Regelstudienzeit zog ich das komplette Studium durch.

Und der Ehrgeiz machte sich bezahlt, im wahrsten Sinne. Da ich zu den 100 Besten des Jahrgangs zählte und mich mit dem Studium so rangehalten hatte, konnte ich bei der Bafög-Rückzahlung unterm Strich 40 % einsparen.

Etwa 20.000 Euro hatte ich während des Studiums erhalten, davon musste ich laut Gesetz 50 % zurückzahlen. Aufgrund der günstigen Umstände konnte ich hiervon die erwähnten 40 % einsparen, musste also effektiv lediglich 6.000 Euro berappen. Der Blick aufs Geld, er hatte sich – im Laufe meiner persönlichen Entwicklung – allmählich geschärft. Ich erlag nun nicht mehr der Versuchung, das Wenige, das ich hatte, mit vollen Händen auszugeben.

In Windeseile fand ich mich also als Referendar wieder, stand zum ersten Mal vor einer unruhigen Klasse. Hui – ich kann Ihnen versichern, da geht Ihnen die Muffe! Egal, wie gut Sie gefrühstückt haben. Entweder sie fressen dich gleich am ersten Tag mit Haut und Haaren, oder du kriegst sie in den Griff – die präpubertäre Meute.

Glücklicherweise schien ich zum Lehrer geboren zu sein, hielt das Ruder vom ersten Tag an fest in der Hand. Ich besaß genügend natürliche Autorität, um der Lage Herr zu werden. Vermutlich kann man das nicht lernen.

Entweder, man ist Lehrer, oder man ist es nicht. Ich denke, Sie und ich, wir sind in unserer eigenen Schulzeit vielen Spezialisten begegnet, die es eher nicht waren. Als ich dort vor der lärmenden Klasse stand, konnte ich dieses Elend – die Qual des überforderten Lehrkörpers – mit einem Schlag für einen Moment nachempfinden.

Im Frühjahr 2011 beendet ich die Reifeprüfung – mein Referendariat – und begann bloß einen halben Monat später als vollwertiger Lehrer an einer Hauptschule in Ostfriesland. Die Strecke von meinem Heimatort zur Arbeit umfasste satte 200 Kilometer, doch ich wollte den Job um jeden Preis! Ich wusste, was ich tat: Ein festes Lehrergehalt und der Beamtenstatus, der damit einherging, würde meine Chancen auf einen Immobilienkredit immens erhöhen.

Und genauso kam es: Als frischgebackener, junger Lehrer marschierte ich zur Bank, ergatterte einen Kredit und kaufte meine erste Immobilie – eine kleine Eigentumswohnung im Örtchen Leer. My home is my castle, sagt der Engländer, in meinem Fall war es eher: mein Kasten. Mein Kästchen vielmehr! 60 unspektakuläre Quadratmeter. Aber mit diesen konnte ich anstellen, was ich wollte. Und das tat ich.

Übereifrig machte ich mich an die Renovierung: Schickes Laminat, neue Küche – und einen Whirlpool ins Badezimmer. Doch, tatsächlich! Ich feierte mich ganz prächtig in meiner Miniaturausgabe des eigenen Schlosses, schuf mir einen Rückzugsort, in den ich jeden Tag nach der Schule gerne zurückkehrte. Und das Beste kommt erst noch: Nach drei Jahren verkaufte ich die Wohnung mit 30.000 Euro Gewinn.

Ich machte nicht den Fehler, die Wohnung – so schön sie geworden war – als etwas Unwiederbringliches anzusehen. Ich konnte in beliebig vielen Wohnungen zu Hause sein, wenn ich es wollte.

Ich verstand das das eigene zu Hause dieser drei letzten Jahre als genau das, was es war: ein Anlageobjekt.

Das war nicht schlecht! Es bedeutete den Aufbruch in meine finanzielle Unabhängigkeit. Es sollte die nächste Wohnung folgen und die übernächste. Ich begann, mehrere Objekte gleichzeitig zu besitzen und zu vermieten. Ich stieß eine Wohnung mit Gewinn ab und sicherte mir gleich die nächste. Ich hängte mich mit demselben Ehrgeiz rein, wie ich ihn fürs Studium aufgebracht hatte. Das Ergebnis halten Sie höchstpersönlich in Händen.

Keine zehn Jahre später hänge ich den Job als Lehrer an den Nagel, machte mich als ImmobilienAdvisor selbstständig, und begann diesen Ratgeber zu Papier zu bringen.

Jetzt geht's ans Eingemachte – Wie Sie die richtige Immobilie aufspüren und gewinnbringend renovieren

An einem kalten, aber klaren Herbsttag traf ich mich ein anderes Mal mit einem Freund in Hannover. Kerim, ein Kumpel aus Jugendtagen, hatte sich in den vergangenen Jahren ein kleines finanzielles Polster geschaffen, und ich hatte ihm immer angeraten: Wenn du soweit bist, dann komm gerne zu mir!

Nun war es soweit. Kerim steckte in den Startlöchern und unser ausführliches Gespräch stand an. Ich freute mich, den alten Kumpel nach all der Zeit wiederzusehen. In einem kleinen Café richteten wir uns mit Laptop, Tee und Kaffee in einer Ecke ein. Die Heizung bollerte auf Hochtouren. Kerim rieb sich die Hände. Ich schob den Laptop so hin, dass er bequem auf den Bildschirm schauen konnte.

Der ImmobilienAdvisor:

"Da wären wir! Alles beginnt mit der Onlinesuche, im klassischen Fall. Du benutzt die Filtereinstellungen beim Immobilien-Suchdiensten deiner Wahl: welche Preisobergrenze, wie viele Quadratmeter mindestens, welche Region? Die Suche lässt sich ziemlich genau nach deinen Wünschen begrenzen, wenn du sämtliche Felder ausfüllst. Denn für 250.000 Euro kann man 50 qm kaufen, oder auch 120. Alle Angaben zusammen führen dich zu den Objekten, die für dich relevant sind. So weit, so einfach."

Kerim:

"Jetzt lässt du die A- und B-Lagen direkt außen vor?"

Der ImmobilienAdvisor:

"Auf jeden Fall. Ich konzentriere mich immer auf die C- oder D-Lage. Für deine Belange interessant wäre, bei einem Kaufpreis von 250.000 Euro, alles ab 150 qm. Die Region, in der wir suchen, liegt vor den Toren Hannovers, aber immer noch in Gebieten, in denen es menschliches Leben gibt, wenn du verstehst, was ich meine?"

Kerim:

„Haha, na klar. Und du suchst jetzt gleich nach einem Einfamilienhaus, sehe ich hier in den Einstellungen?"

Der ImmobilienAdvisor:

„Ich suche nach Einfamilienhäusern, richtig, aber im Kopf habe ich etwas Anderes. Und zwar ein Objekt, in dem sich zwei bis drei Mietparteien unterbringen lassen. Wir durchforsten die Immobilieninserate also nach einem Objekt, das bisher als Einfamilienhaus genutzt wurde. Vermieten werden wir, bzw. du, es aber als mehrere Wohneinheiten. Denn wenn wir die vorhandenen Quadratmeter als bloß eine Wohneinheit vermieten, wird unsere Rendite wesentlich geringer sein."

Kerim:

„Du willst also sagen: Den wichtigsten Suchfilter müssen wir im Kopf einstellen?"

Der ImmobilienAdvisor:

„Sehr schön gesagt. Hier haben wir gleich ein Einfamilienhaus, das infrage kommen könnte. Wenn ich mich durch die beigefügten Bilder klicke, erkenne ich in der oberen Etage ein kleines Badezimmer, was bedeutet, dass die nötigen Wasseranschlüsse bereits vorhanden sind.

Das Bild von der Treppe, die aus der Parterre nach oben führt, ist vom Ausschnitt etwas unglücklich gewählt. Da müsste ich mir jetzt vor Ort einen Eindruck verschaffen, wie man dort eine zusätzliche Wand reinsetzt, um oben eine zusätzliche Wohnungstür einzubauen. Unten gibt es einen kleinen Flur, ehe es ins Wohnzimmer geht. Das ist nützlich, um die untere Etage als eigene Wohneinheit abzugrenzen."

Kerim:

> „Verstehe, du meinst, stünde man unten direkt im offenen Wohnzimmer, wäre die Sache schwieriger?"

Der ImmobilienAdvisor:

> „Genau, aber das hier, mit dieser Raumaufteilung, wirkt vielversprechend. An diesem allerersten Punkt der Immobiliensuche haben wir nur die Bilder und die Beschreibung aus dem Internet, aber dein Vorstellungsvermögen entscheidet schon jetzt darüber, ob du bei einem potenziell lohnenswerten Objekt einen Besichtigungstermin vereinbarst, oder eher nicht."

Kerim:

> „Ich schaue also immer, was sich wie unterteilen lässt – der Keller fällt mir da noch ein?"

Der ImmobilienAdvisor:

> „Ja, Keller lassen sich so gut wie immer unterteilen. Da können die neuen Wände im einfachsten Fall auch unverputzt bleiben. Je nachdem, wie viel Aufwand du betreiben möchtest. Wichtig sind die Wasseranschlüsse im Obergeschoss und ein möglichst geschlossenes Treppenhaus."

Kerim:

> „Was würdest du denn als Richtwert vorgeben: Wie viele Objekte muss man gesehen haben, um eine Immobilie richtig bewerten zu können? Und inwiefern sollte man sich am Ende auch auf's Bauchgefühl verlassen?"

Der ImmobilienAdvisor:

> „Das vertraue ich dir im Geheimen an: Zum Schluss höre ich immer auch ein Stück weit auf mein Bauchgefühl. Das ist der letzte Punkt, den ich berücksichtige: Ist mir wohl bei der Sache, oder nicht?

Aber Achtung: Ich kann nur ausdrücklich davor warnen, das Bauchgefühl nicht erst an letzter Stelle zu berücksichtigen. Davor steht eine ganze Liste an Punkten, die ich gewissenhaft abchecke.

Fakten kommen vor Emotionen. So trivial das erscheinen mag: Du glaubst nicht, wie vielen Leuten ich schon begegnet bin, denen die Gefühle mit der ersten eigenen Immobilie durchgehen! Da wird auf Teufel komm raus geplant, renoviert und eingerichtet. Es wird sich über Farben und Formen gestritten, nur um am Ende in einem Objekt zu stehen, dass nicht zu 100 Prozent so ist, wie in den Vorstellungen der Leute – aber 200 Prozent dessen gekostet hat, was sie eingeplant hatten.

Andersherum; wenn ich mit den über 1.000 Objekten, die ich besichtigt habe, die Gefühle vollständig außen vorließe, wäre das wohl genauso falsch.

Und zu deiner ersten Frage: 20 Objekte solltest du für den Anfang gesehen haben, um einen aussagekräftigen Eindruck davon zu kriegen, wie so ein Haus sein kann. Aber frag mal rum, wie viele Hauskäufer nicht mal auf diese 20 Objekte gekommen sind! Auch, was einem persönlich gefällt, schärft sich mehr und mehr, wenn du Immobilien besichtigst. Kleinere Störfaktoren fallen dir als ungeübter Hausbetrachter meistens gar nicht auf."

Kerim:

„Was denn, kannst du ein Beispiel nennen?"

Der ImmobilienAdvisor:

„Fangen wir mit dem Eingangsbereich an. Gibt es dort einen Absatz, eine Stufe, die ich rauf- oder runtergehen muss, um ins Wohnzimmer zu gelangen? Eine Kleinigkeit, die man leicht als nebensächlich ausblenden kann, weil man versucht, alles gleichzeitig aufzunehmen. Das kann aber nicht gelingen. Während man sich als Laie auf das eine konzentriert, übersieht man das andere.

Eine Hausbesichtigung kann man sich ein bisschen vorstellen wie einen Besuch beim Arzt. Auf Herz und Nieren prüfen heißt es da. Das macht der Internist. Derselbe Facharzt würde dir aber nicht in die Ohren gucken, oder deine Zähne kontrollieren. Ein wenig ist es so auch bei der Objektbesichtigung. Was dir etwa der Makler erzählt, kann immer nur einen Teilbereich abdecken. Der Elektriker wird dir nichts zum Neigungswinkel der Terrasse erzählen, und immer so weiter. Du selbst musst das Haus als Ganzes betrachten, in all seinen Einzelheiten. Und um da nichts Größeres zu übersehen, braucht es Erfahrung und Übung. In den Seminaren achte ich deshalb auch immer darauf, so viel Hinweise und Tipps wie möglich zu geben. Damit sich die Vorgehensweise, die sich bei mir bewährt hat, leichter in den Köpfen verankern kann."

Kerim:

> „20 Objekte also, Mhm, wie lang dauert das? Und denkt man nicht auch nach 200 Stück: Da kommt noch was Besseres?"

Der ImmobilienAdvisor:

> „Wenn du es ernst meinst, geht das ganz geschwind. Du solltest so intensiv besichtigen, wie es das Angebot und dein Zeitplan zulassen. Einen Monat lang, jeden Tag zwei Objekte. So ein Pensum schult dich, ob du willst oder nicht!"

Am Anfang benötigst du 45 Minuten für ein Objekt, am Ende nur noch 10 Minuten. Du arbeitest eine Checkliste ab – dir entgeht nichts!

„Und selbstverständlich wirst du anspruchsvoller mit der Zeit. Vielleicht ist die perfekte Immobilie nur noch eine Besichtigung weit entfernt? Du bist im Vorteil, wenn du dich von solchen Überlegungen freimachst. Wenn du ein Objekt zum Vermieten suchst, zählen die Daten, die Konditionen, der allgemeine Zustand. Wenn du einen Treffer hast, erübrigt sich der Gedanke an weitere Besichtigungen.

Jetzt heißt es vor allem: schnell sein! Ich kann es wirklich gar nicht oft genug sagen: Wenn du ein respektables Objekt zu einem Preis erwischst, der unterhalb des Preises liegt, den das Objekt nach einer Renovierung wert sein wird, dann solltest du zuschlagen, solange die Wohnung oder das Haus noch zu haben ist."

Kerim:

„Und wie sieht diese Checkliste im Detail aus, wenn du durch ein Objekt gehst?"

Der ImmobilienAdvisor:

„Am besten, wir spielen die Besichtigung einmal von vorne bis hinten durch. Der Eingangsbereich verrät bereits eine Menge über das Objekt. Sieht es hier freundlich und einladend aus – ist die Haustür hochwertig, oder bloß eine abgenutzte Uraltlösung, die nie ersetzt, oder wenigstens mit einem neuen Anstrich bedacht wurde? Die Haustür kannst du dir als eine Art Visitenkarte des Hauses vorstellen. Muss sie ersetzt werden, können gleich zu Beginn Extrakosten von etwa 1.500 Euro auf dich zukommen. Manche mögen das als Vernarrtheit abtun, aber neben dem Dach ist die Tür für mich ein wesentlicher Indikator, wie mit dem Objekt in der Vergangenheit umgegangen wurde."

Kerim:

„Wie andere aus der Hand liest du aus der Eingangstür?"

Der ImmobilienAdvisor:

„Haha! Na, ich will den verehrten Damen und Herren HandleserInnen nicht zu nahetreten, aber bei mir ist das Ganze sicher nicht auf Hokuspokus begründet. Aber es stimmt schon, eine geschmackvolle Eingangstür kann mich begeistern. Sie macht Lust darauf zu sehen, was dahinterliegt. Oder sie ist ein Alarmzeichen dafür, dass ich bei der Besichtigung besonders wachsam werde sein müssen."

Kerim:

„Okay, jetzt stehst du drin, was dann?"

Der ImmobilienAdvisor:

„Auch hier scanne ich als erstes den Boden, die Wände und versuche herauszufinden: Wurde alles in Schuss gehalten? Wirkt der Eingangsbereich gepflegt? Einmaliges Putzen, bevor die Heerschar der Interessenten hereingelassen werden, kann einen pfleglichen Umgang über Jahre oder Jahrzehnte nicht ersetzen.

Gibt es Fliesen auf dem Boden, können diese ruhig alt sein – wichtig ist, dass sie gepflegt wurden. Sind etwa die Fugen sauber? Wenn schon hier, mit dem ersten Schritt in die Bude hinein, erhebliche Mängel sichtbar sind, kann das für den gesamten Laden schwerlich etwas Gutes bedeuten.

So gehe ich also zunächst durch die Räume und inspiziere die Winkel und Ecken. Wo lassen sich Wände herausnehmen oder einsetzen? In wie viele Mietparteien lässt sich das Objekt unterteilen? Das checke ich als erstes."

Kerim:

„Es ist wie bei Menschen, der erste Eindruck zählt?"

Der ImmobilienAdvisor:

„Der erste Eindruck drängt sich dir jedenfalls bei einem Haus genauso auf, wie bei einem Menschen, ja!

Beim Objekt kannst du jedoch wesentlich schneller erfahren, was tatsächlich dahintersteckt. Bei einem Menschen findest du es ja manchmal ein ganzes Leben lang nicht mit vollkommener Sicherheit heraus."

Kerim:

„Das stimmt! Also, was guckst du dir an?"

Der ImmobilienAdvisor:

„Es geht hier bei unserem Haus, dass wir bei der Onlinesuche ausgewählt haben, um ein Haus aus den 80er Jahren. Meistens besichtige ich Objekte aus den 70er bis 90ern.

Ab den 60er Jahren und weiter zurück war die verlegte Elektrik noch zweiadrig. Das ist nicht mehr zeitgemäß, heute ist alles dreiadrig. Du kennst das von zu Hause, wenn du eine Lampe anschließt? Da haben wir den blau ummantelten, den braun ummantelten Draht, und den grüngelben – die Erdung.

Ich kläre bei der Besichtigung also ab, welche Elektrik das Haus hat. Bei der veralteten Technik mit zwei Adern müsstest du sämtliche Wände aufmachen. Das bedeutet, du müsstest im Anschluss alle Oberflächen behandeln; also verputzen, tapezieren. Das stellt einen erhöhten Aufwand dar, der höhere Kosten mit sich bringt."

Kerim:

„Das schreib ich mir alles auf. Die Elektrik ist ein Knackpunkt?"

Der ImmobilienAdvisor:

„Unbedingt. Und da würde ich mich nicht allein auf den Makler und seine Ausführungen verlassen. Geh ins Obergeschoss, falls vorhanden, und überprüfe persönlich an einem Anschluss, ob dort überall Dreiadrigkeit vorhanden ist. Manche Experten haben das Erdgeschoss modernisiert, aber oben brennen noch die Funzeln an der Decke über die alten Kabel.

So eine Info kann leicht durchrutschen, darf es aber nicht!"

Kerim:

„Also alles selbst überprüfen?"

Der ImmobilienAdvisor:

„Immer! Guck dir alles selbst an. Und wenn es noch so offensichtlich zu sein scheint. Guck in jede Abstellkammer, schau hinter jeden Schrank. Betrachte die Drähte, die aus der Wand kommen, aus nächster Nähe. Auch wenn es sonst nicht deine Art ist, bei einer Besichtigung musst du deine Nase überall reinstecken – nur vergewissere dich vorher, dass die Sicherung raus ist! Und wenn du einen Makel gefunden hast, dann reib ihn dem Makler unter die Nase. Das kannst du dir leicht merken.

Makel gefunden? Ab zum *Makler*! Da gibt es keine falsche Bescheidenheit. Du musst klar durchscheinen lassen, dass du das Objekt richtig bewerten kannst.

Sprich deine Gedanken ruhig laut aus. Du willst ja als Immobilienexperte rüberkommen."

Kerim:

„Das heißt, ich mache nicht auf freundlichen Interessenten?"

Der ImmobilienAdvisor:

„Natürlich solltest du Anstand und Höflichkeit an den Tag legen, aber ebenso deutlich solltest du zeigen, dass du das Objekt mit all seinen Schwächen und Stärken erfasst hast.

Makler haben einen 6. Sinn für Leute, die unsicher sind. Das registriert dieses hochverehrte Völkchen noch bevor du deinen Fuß über die Schwelle setzt. Andersrum wird dir kein Makler dieser Welt etwas auftischen, das vielleicht nicht zu 100 Prozent der Wahrheit entspricht, wenn er spürt, dass du selbst vom Fach bist, sozusagen.

Noch viel besser, wenn du mit dem Verkäufer höchstpersönlich sprechen kannst. Dieser weiß umso besser, welche Mängel existieren. Sprichst du ihn darauf an, kann der Preis für das Objekt in der anschließenden Verhandlung schnell sinken. Ich habe exzellente Erfahrungen mit der guten alten Liste gemacht. Bleistift auf Papier. Notier dir alles, was dir auffällt. Am Ende überreichst du dem Makler, besser dem Verkäufer, die Liste, und formulierst dazu passend dein Angebot."

Kerim:

„Ich nehme an, du willst darauf hinaus, dass du an dieser Stelle den Preis drückst, sodass du nach der Renovierung bereits im Plus dastehst?"

Der ImmobilienAdvisor:

„Sehr gut aufgepasst. Ich bin immer darauf bedacht, den Preis deutlicher zu senken, als die Höhe der Kosten ausfallen, die auf mich zukommen."

Kerim:

„Hast du ein Beispiel?"

Der ImmobilienAdvisor:

„Spazieren wir doch mal gedanklich zum Hauptstromkasten. Nehmen wir an, wir finden ein veraltetes System vor, mit alten Sicherungen, ohne FI-Schutzschalter. Das ist der Schalter, der bei klassischen Haushalt-Katastrophen, wie etwa beim Föhn in der Wanne, hoffentlich das Schlimmste verhindern kann.

Ein neuer Kasten mit den heutzutage standartmäßigen Sicherungen kostet im Idealfall 3.500 Euro. Wenn du aber davorstehst und deinem Gesprächspartner den Makel des alten Sicherungskastens vorhältst, wiegt das als Verhandlungsargument in der Regel schwerer als die reellen 2.500 Euro. Insbesondere, wenn wir an unsere notierte Liste denken."

Wir müssen praktisch mit einem Gesamtpaket an Mängeln aufwarten können, um in Summe den Preis zu unseren Gunsten zu reduzieren

Kerim:

> „Mal grade zwischendurch ´ne andere Frage: Wie kommt der Verkäufer überhaupt zu seinem verlangten Preis?"

Der ImmobilienAdvisor:

> „Eine gute und relevante Frage, auf die es zwei Antworten gibt.
>
> Die erste lautet: Er nennt dir den Preis, und damit existiert dieser.
>
> Die zweite Antwort geht so: Der Verkäufer holt sich unterschiedliche Bewertungen des Objektes ein, er informiert sich über vergleichbare Objekte in ähnlicher Lage, er betrachtet den eigenen Kaufpreis, den er

geleistet hat, und errechnet die Wertentwicklung, er berücksichtigt den Mietspiegel und immer so weiter.

Aber auch bei Antwort zwei kommt am Ende heraus: Der Verkäufer nennt dir einen Preis. Diese Summe bleibt am Ende immer eine Schätzung.

Tatsächlich wert ist ein Haus immer das, was irgendjemand bereit ist, dafür zu bezahlen. Im Guten wie im Schlechten.

Nur, weil jemand heute diesen Preis akzeptiert, muss das im nächsten Jahr nicht genauso sein. Im positiven Fall ist der Preis ein Jahr später bereits gestiegen. Aber alles Drumherum sind Einschätzungen. Der Makler kann mit seiner Bewertung – nach oben wie nach unten – danebenliegen, der Bausachverständige, der Bankberater, der Verkäufer, sie alle versuchen den Preis bestmöglich zu bestimmen.

Aber am Ende bestimmst du selbst, welchen Preis du für welches Objekt bezahlen willst, oder eben nicht. Um nicht in Teufels Küche zu kommen, bzw. um im hitzigen Immobilienmarkt nicht zu viel Risiko einzugehen, konzentriere ich mich auf Objekte in C- oder D-Lage. Hier ist die Nachfrage nach Kaufobjekten vielleicht nicht so groß, wohl aber die Nachfrage nach Mietobjekten. Das bedeutet in der Praxis; der Verkäufer ist womöglich richtig froh, das Objekt zu loszuwerden. Und du machst dich anschließend daran, es in mehrere Wohneinheiten umzuwandeln und so für die Nachfrage auf dem Mietwohnungsmarkt zu optimieren.

Ich weiderhole mich da in beinahe jedem Gespräch, dass ich darüberführe, aber nur so kriege ich es in die Köpfe: Es muss nicht immer nur nach A-Lage, A-Lage, A-Lage sein. In C-Lage ist es günstiger, ja normaler. Falls sich überhaupt definieren lässt, was ‚normal' auf dem Wohnungsmarkt bedeutet?

Außerhalb der Cities ist die Nachfrage nach Mietwohnungen in C-Lage ebenfalls hoch. Es gibt die typischen Mieter, also Leute, die mieten wollen, und dies auch gerne tun. Die versorgen wir mit dem passenden Objekt, das wir für sie aufbereiten."

Kerim:

„Damit wären wir wieder bei deiner Check-Liste für die Besichtigung."

Der ImmobilienAdvisor:

„Wir standen grade am Sicherungskasten, jetzt betrachten wir uns die Wände in der Wohnung. Allgemeine Feuchtigkeit und Stockflecken lassen darauf schließen, dass nicht ausreichend gelüftet wurde. Größere oder dunklere Flecken machen es nötig, einen möglichen Wasserschaden abzuklären. Wann und wie wurde die Ursache dafür behoben? Ist das Mauerwerk betroffen oder die Feuchtigkeit nur in die Tapete eingedrungen?

Wenn es nicht so wild ist, lassen sich die Flecken durch aufbringen von Isolierfarbe in den Griff kriegen. Danach wird mit Dispersionsfarbe übergestrichen und die Wand ist wieder in Ordnung. Hat die Tapete schon eine Vielzahl an Anstrichen hinter sich, ist zuvor neues Tapezieren unumgänglich.

Nach den Wänden schauen wir auf die Fenster, im speziellen auf den Rahmen und die Verglasung. Guter Standard sind Kunststofffenster mit Doppelverglasung, oder Holzfenster mit ebensolcher Verglasung. Bei Holzfensterrahmen gilt es besonderes Augenmerk auf die Qualität zu legen.

In sanierten Altbauten oder hoch oben auf der Alm stößt man auf erstklassige Holzfenster, die zusätzlichen Charme verströmen. Im ländlicheren Raum sind Kunststofffenster den zumeist veralteten Holzfenstern vorzuziehen.

Schlechteste Möglichkeit sind einfachverglaste Holzfenster. Sie bedeuten schlechtere Isolierung und einen höheren Heizungsbedarf – der demzufolge ratsame Einbau von modernen Fenstern im gesamten Objekt bringt dann allerdings nicht zu vernachlässigende Kosten mit sich.

Darauf inspizieren wir die Küche. Hier scheiden sich oftmals die Geister. Vielen kann die Küche gar nicht individuell und maßgeschneidert genug sein. Ich behaupte, wer nicht grade auf seinen ersten, eigenen Michelin-Stern aus ist, der kann sich in der Küche durchaus mit gesundem Mittelmaß begnügen.

Oft lässt sich eine in die Jahre gekommene, aber noch funktionstüchtige Küchenzeile durch ein paar Applikationen wie neue Schrank- und Schubladengriffen optisch aufwerten, ohne gleich nennenswerte Kosten zu verursachen.

Ist die vorhandene Küche nicht mehr zu gebrauchen, rate ich dazu, etwas mehr Geld in die Hand zu nehmen, und eine speziell für den Raum passende Lösung einbauen zu lassen. Da sprechen wir bei einer kleinen bis mittelgroßen Küche von etwa 3.000 Euro."

Kerim:

„Ups, und wieso fahre ich nicht einfach ins nächste schwedische Möbelhaus meines Vertrauens, und besorge mir dort eine Küche für weniger als die Hälfte des Preises? Unter 1.500 Euro bin ich da doch problemlos dabei, inklusive Elektrogeräte!"

Der ImmobilienAdvisor:

„Das ist eine schöne Idee, und gegen die simplen Küchenlösungen will ich auch nichts Schlechtes sagen.

In der Realität gestaltet es sich allerdings häufig so, dass die Küche eingepasst werden muss.

Die vorgefertigte Küchenzeile fügt sich meistens nicht so sauber ein, wie es dir ein Küchenbauer mit einer teurerer Variante ermöglichen kann. Natürlich habe ich auch schon einfache Küchen eingebaut, wenn es zum gesamten Objekt passt, etwa bei kleinen Studenten-Apartments. Da tut es dann auch die einfachste Version mit doppelter Herdplatte und kleinem Kühlschrank.

Falls dir die Küche jedoch den Mietzins drückt, weil die gesamte Wohnung mit einer solideren Küche höherpreisig anzusetzen wäre, hättest du hier an der falschen Stelle gespart. Manchmal kommst du auch an einer Notlösung nicht vorbei."

Ich versuche stets zu erfassen: Was kostete mich das Unterfangen, das Objekt aus dem Stand vermietbar zu machen?

„Wenn ich die Beträge addiere und mein Limit zu überschreiten drohe, kann es vorkommen, dass es am Ende die etwas schlankere Küche wird."

Kerim:

„Die Schreinerei und das Herumprobieren in der Küche kann ich mir ja noch vorstellen. Hingegen bin ich völlig ahnungslos, was das Thema Heizung angeht. Was muss ich da beachten?"

Der ImmobilienAdvisor:

„Tja, da musst du unbedingt im Bilde sein, denn die Heizung ist – neben der Elektrik – ein überaus wichtiger Punkt. Hier kann dich alles Erdenkliche erwarten. Von einer Heizung, die vor fünf Jahren komplett neu gemacht wurde, bis hin zu einer 25 Jahre alten, klapprigen Heizkosten- und Sanierungsfalle. Mal ganz grob gesprochen kostet dich eine neue Anlage um die 5.000 bis 10.000 Euro, bei einem Objekt mit bis zu drei Wohneinheiten. Wobei eine alte Anlage nicht automatisch mit einer schlechten Anlage gleichzusetzen ist! Ein altes Heizungssystem kann bei gewissenhafter Wartungshistorie immer noch passable Werte bringen. Ich persönlich habe seit einigen Jahren einen Vertrag mit einer Wartungsfirma, die nach alten Anlagen guckt, so dass diese nach dem Erwerb des Objektes noch etwa fünf Jahre laufen kann. Damit verschiebe ich einerseits den Zeitpunkt für die anfallenden Kosten eines Austauschs nach hinten, anderseits habe ich mit einer alten Anlage einen weiteren Verhandlungspunkt auf meiner Mängelliste, die ich dem Verkäufer präsentiere. Mit etwas Glück hole ich so beim Kauf die späteren Kosten für die neue Anlage schon fast wieder mit rein. Solange dir selbst die Kompetenz fehlt, solltest du einen Experten für Heizungsanlagen zu Rate ziehen. ‚Die is' ab!', sagt der Heizungsbauer gerne, wenn die Anlage ihre besten Tage hinter sich hat. Aber auch diese generelle Einschätzung muss nicht immer gleich das Ende bedeuten. Schau dir die Anlage in ihren Einzelteilen an: Die Hauptanlage, also insbesondere der Brenner, mag alt sein, aber die dazugehörige Peripherie wie Pumpe und Wasserspeicher sind vielleicht schon durch aktuelle Versionen – etwa eine Effizienzpumpe bei ersterem – ausgetauscht worden? Wenn dem so ist, kann die Anlage unter Umständen noch einige Jahre laufen."

Ganz wichtig und ausschlaggebend bei der Heizung: Solange die vom Schornsteinfeger gemessenen Werte in Ordnung sind, existiert kein Zwang, die Anlage zu tauschen

„So bewahrst du dir einen finanziellen Spielraum für andere Dinge, die vielleicht dringender sind. Warte mit der alten Heizung ab, bis der Zeitpunkt günstig erscheint. Eventuell erhältst du staatliche Subvention im Rahmen von ökologisch wie ökonomisch erstrebenswerten Energieeinsparmaßnahmeprojekten. Dann kannst du die Anlage erneuern. In den Jahren davor kommen bei einer ordentlich gewarteten Altanlage vielleicht mal Reparaturen von 300 Euro auf dich zu, was zu verkraften sein sollte."

Kerim:

„Okay, soviel zur Heizung. Und womit geht's dann weiter auf unserem Rundgang?"

Der ImmobilienAdvisor:

„Wenn wir im Objekt stehen, schauen wir natürlich auch, worauf wir da genau herumlaufen! Einfaches Laminat ist die Regel. Ein Austausch bedeutet heute wahrlich keinen großen Akt mehr. Die Stecksysteme, die du in jedem Baumarkt erhältst, sind gut zu verlegen. Preislich hast du da ebenfalls viel Spielraum."

Kleiner Tipp: Schöne Fußleisten werten einen Boden, und damit den gesamten Raum, deutlich auf, und kosten nur einen Bruchteil dessen, was ein vollständig neuer Bodenbelag kosten würde

„Wenn wir auf Parkett herumlaufen, ist das schön, insofern der Boden in Ordnung ist. Bestimmt hast du schon mal davon gehört, dass man altes Parkett abschleifen kann – das ist korrekt. Allerdings darfst du den Aufwand nicht unterschätzen, der ungeübte Hände leicht ins Schwitzen bringt.

Du kannst dir eine Schleifmaschine leihen, aber dann solltest du am besten jemanden haben, der so ein Gerät nicht zum allerersten Mal bedient. Der Anfängerfehler besteht darin, mit der Maschine zu lange an einer Stelle stehen zu bleiben.

Dann ist die Gefahr groß, dass sich die

Maschine einschleift und unschöne Unebenheiten im Boden verursacht. Ist das Abschleifen hingegen geglückt, bekommst du beim Fachhändler spezielles Öl, mit dem du den Boden versiegelst – so eine Behandlung bewirkt wahre Wunder. Das in die Jahre gekommene Parkett erstrahlt dann wieder in neuem Glanz.

So, jetzt haben wir aber nur über den Bodenbelag gesprochen. Nur, was steckt darunter? In der Regel ist das nicht weiter von Belang, was Sanierungsarbeiten betrifft. Es gibt eine tragende Struktur, an die du nach dem Erwerb des Objektes nicht ranmusst. Es sei denn, die Dielen sind komplett durch, dass man befürchten muss, beim nächsten Schritt nach unten durchzubrechen. Ist das tatsächlich der Fall, stimmt mit dem Haus etwas Grundsätzliches nicht. Vermoderte Dielen sind ein Alarmsignal. Im Normalfall sollten Dielen nämlich Jahrhunderte überdauern, ohne ihre tragende Struktur einzubüßen.

In Gebäuden, die vor den 1950er Jahren errichtet wurden, findest du zumeist Dielen auf Holzbalken vor. Falls dir die Bretter zu deinen Füßen nicht zusagen, kannst du als Alternative zum Abschleifen auch einfach das bereits erwähnte Laminat darüber verlegen. Entweder direkt auf die Dielenbretter oder du fügst eine Dämmschicht ein, falls der Boden zu starke Unebenheiten aufweist.

Aber Achtung: Bedenke, dass der neue Belag einige zusätzliche Millimeter an Höhe in Anspruch nehmen wird. Sei dir bewusst, dass du dann gegebenenfalls anschließend die Türen abschleifen musst, um ein einwandfreies Öffnen und Schließen zu gewährleisten."

Kerim:

„In Ordnung! So, und dann blieben noch zwei große Baustellen auf unserer Besichtigung – wenn ich das richtig sehe –, der Keller und das Dach?"

Der ImmobilienAdvisor:

„Genau. Dies sind beides wesentliche zu betrachtende Stellen bei der Besichtigung, aber gar nicht so schwer in Augenschein zu nehmen, wie man vielleicht meinen sollte. Steigen wir zunächst in den Keller hinab.

Der Keller sollte – Überraschung – trocken sein. Prüfe die Wände als erstes optisch und gehe anschließend mit der Handfläche über den Putz. Fahre vor allem an den Ecken und Kanten entlang. Bleib die Hand trocken? Hervorragend. Registrierst du etwas Feuchtigkeit, muss das nicht gleich die ultimative Katastrophe sein – viele Keller beherbergen etwas Feuchtigkeit. Solange es keine problematischen Spuren von Wasserschäden oder Schimmel gibt, die Räume auch hier unten einen ordentlichen und gepflegten Eindruck machen, kannst du an den Keller einen Haken machen.

Natürlich solltest du Grundsätzliches schon zuvor bedacht haben: Befindet sich das Objekt in einem Hochwassergebiet?

Sind in der Vergangenheit die Keller in der Region vollgelaufen? Dafür musst du nicht im Keller mit der Hand an der Wand herumwischen, um solche elementaren Komplikationen auszuschließen. Das solltest du natürlich bereits vorher in Erfahrung gebracht haben."

Kerim:

„Na klar, doch! Dann fehlt noch das Dach..."

Der ImmobilienAdvisor:

„... welches wir uns von außen ansehen. Am besten gleich, wenn wir – in unserem Beispiel – das erste Mal unten vor dem Einfamilienhaus stehen. Ist das Dach sauber oder verdreckt, können wir Anzeichen von Moosbefall erkennen?

Weiteren Aufschluss über dem Zustand des Dachs bringt uns der Besuch direkt unter dem Gebälk, auf dem Dachboden.

Befinden sich noch alte Tonpfannen auf dem Gebäude, erkennen wir diese gleich an der charakteristischen Verschlämmung der Dachziegel. Diese sind – vom Dachboden aus gut zu erkennen – wie ‚zementiert'.

Müssen wir das Dach wegen zu großer Mängel erneuern, müssen die Querbalken im Dachstuhl ebenfalls ersetzt werden. Wesentlich besser gestaltet sich die Sache, wenn bereits moderne Braas®-Pfannen oder Frankfurter®-Pfannen verwendet wurden. Bei diesen neuen Systemen gibt es keine zugekleisterten Dachpfannen mehr. Müssen hier dann einzelne Pfannen ersetzt werden, bleiben die Balken davon unberührt. Die modernen Pfannen sind so produziert, dass sie einfach regenwasserdicht übereinanderliegend aufgereiht werden können."

Kerim:

„Die neue Verbauung der Dachpfannen ist also auch für Laien eindeutig von der alten Methode zu unterscheiden?"

Der ImmobilienAdvisor:

„Ja, das erkennst du gleich, wenn du davorstehst. Ansonsten empfehle ich die Google-Bildersuche, um dich auf die Schnelle und unkompliziert mit den unterschiedlichen Dächern vertraut zu machen. Und damit hätten wir die Besichtigung auch schon fürs Erste durchgespielt. Ich schlage vor, dass wir uns nun nochmal ganz konkret mit der nötigen Renovierung befassen?"

Kerim:

„Schieß los!"

Der ImmobilienAdvisor:

„Wir bleiben bei dem Grundgedanken: Zur Vermietung muss ein Objekt nicht perfekt sein, aber es sollte so grundsolide renoviert werden, dass wir den gewünschten Mietzins festsetzen können. Ich unterteile die Objekte in vier verschiedene Kategorien der Renovierungsbedürftigkeit.

Kategorie 1 nennen wir: fast bezugsfertig. Oder auch ‚ready entry'. Hier können wir allenfalls die alten Teppiche rausnehmen und durch frisches Laminat ersetzen. Anschließend streichen wir die Wände in neutralem weiß, fertig. Du siehst, bei dieser wirklich geringsten Renovierungsstufe sind gar keine Handwerker nötig."

Kerim:

„Aber diese Stufe werden wir nicht allzu häufig antreffen?"

Der ImmobilienAdvisor:

„Speziell die Objekte, die man als Schnäppchen bezeichnen kann, sind natürlich aufwendiger zu renovieren. Mit Kategorie 2, einem einfachen Sanierungsbedarf, kannst du also mindestens rechnen.

Hier ist der Blick ins Bad zumeist sehr ausschlaggebend.

Die Armaturen müssen erneuert werden, die Wanne kommt raus, der gesamte Raum wird neu gefliest. Weiter geht's in die Küche: Ein hübscher neuer Fliesenspiegel an der Wand hinter der Küchenzeile kann bereits den Unterschied machen.

Optional tauschst du auch die gesamte Einbauküche aus. Der Boden wird neu gemacht. Küche und Bad sind echte Wohlfühlräume, auf die du dich konzentrieren solltest. Der Rollladenkasten im Wohnzimmer kann schlampig überstrichen worden sein, im Flur können dich alte Fliesen begrüßen.

Hauptsache, Küche und Bad wirken wie aus dem Katalog, wenn du einen flüchtigen Blick hineinwirfst, und die Mieter werden sich darum reißen. Diese Kategorie 2 kommt also häufiger vor, ist der Normalfall."

Tipp fürs schmale Budget: Nur die Toilette und das Waschbecken zu ersetzen, bedeutet bereits eine große optische Aufwertung bei geringem Aufwand

Kerim:

> „Und wie verhält es sich mit den Fliesen im Bad, wie kriege ich die runter, wenn ich's selbst machen will?"

Der ImmobilienAdvisor:

> „Wenn die Fliesen an der Wand noch festsitzen, können neue Fliesen darüber angebracht werden. Eventuell musst du als Arbeitsschritt zuvor einzelne alte Fliesen neue kleben.

> Oder als kostengünstige Alternative: den Boden und die Wände lediglich lackieren. Nehmen wir an, die alte Fliesen sind weiß – gewesen, vor langer Zeit.

Dann kannst du sie in modernem grau überlackieren. Danach müssen natürliche die Fugen neu gemacht werden, da sonst alles einheitlich grau wäre. Von dem Lackiervorgang würde ich dir als Laie allerdings eher abraten. Das ist ein Spezialthema – aber es ist möglich. Und diese Variante ist zeitlich wie finanziell interessant gegenüber dem Neufliesen. Willst du das machen, ist das auch nicht so sonderlich schwer. Du benötigst nur einen Stemmhammer.

Der schlägt wie ein Meisel ganz schnell unter die Fliesen. So hast du die Dinger im Handumdrehen von der Wand runter. Das größte Problem hierbei ist noch der anfallende Staub. Da solltest du mit einer guten Maske vorsorgen. Von den neuen Fliesen solltest du genügend in Reserve haben. Es kann immer passieren, dass dir eine runterfällt und zerbricht."

Kerim:

„Jetzt bin ich auf die dritte Kategorie gespannt."

Der ImmobilienAdvisor:

„Da kriegen wir es mit einem erweiterter Sanierungsfall zu tun. Aber auch das lässt sich in den Griff kriegen.

Die Türen und Türrahmen müssen entweder ausgetauscht oder abgeschliffen und neu lackiert werden. Die alten Tapeten müssen runter, weil sie schon etliche Male gestrichen wurden und sich bei erneuter Farbauftragung von der Wand herab verbeugen würden wie ein Theaterensemble nach der Premiere. Die Außenfassade muss neue gestrichen werden, eventuell zuvor auch neu verputzt.

Achtung: Wenn das Haus neue gedämmt werden muss, wird's schnell richtig teuer!

Oben auf dem Dach sind Lackier- und Versiegelungsarbeiten nötig. Bei so einem

Renovierungsfall Stufe 3 ist es schon von elementarer Bedeutung, die Kosten im Vorfeld richtig einschätzen zu können."

Haben Sie Fragen zu Ihrem Wunschobjekt, sind Sie sich unsicher bei der Kalkulation der Renovierungskosten? Dann kontaktieren Sie mich gerne auf: MeinImmobilientipp.de

„Bliebe noch die Kategorie 4, der schwere Sanierungsfall. Das ist dann ‚red alert'!

Das Dach muss komplett neu gedeckt werden. Mit Material kostet das schnell über 15.000 Euro, inklusive verzinkter Regenwasserabflussrohre gegen Rost. Die gesamte Elektrik muss raus, wenn sie nicht dreiadrig ist – oder wenn es sich um dreiadriges Flachbandkabel handelt, was nicht mehr zugelassen ist. Wenn man die Elektrikerverordnung beachtet, ist die Sachlage klar.

Neuer Verteilerkasten bedeutet eigentlich auch grundsätzlich; alle Kabel müssen raus und durch neue ersetzt werden. Sollen Wände für mehr Wohnraum weichen – etwa um ein schönes, offenes Wohnzimmer zu schaffen – müssen Träger gesetzt werden.

So ein Großprojekt ist nicht empfehlenswert für den Anfang! Das wäre was für das zweite oder dritte Objekt, das du erwirbst. So, und damit hätten wir das Gröbste angerissen, was du zur Besichtigung und im Hinblick auf die Renovierung wissen solltest.

Ich hoffe, ich konnte dich fürs Erste ein wenig ans Thema heranführen?"

Kerim:

> „Na, auf jeden Fall. Ich danke dir und würde so verbleiben, dass ich mich wieder bei dir melde, sobald ich ein reales Objekt gesehen habe, dass für mich infrage kommt."

Der ImmobilienAdvisor:

> „Mach das sehr gerne. Ich helfe, wo ich kann! Am konkreten Haus sind die Punkte immer nochmal viel einfacher abzuhandeln als in der bloßen Theorie."

Für ausführliche Tipps zum Thema Umgang mit Handwerkern und/oder eine ImmobilienAdvisor-Bewertung Ihres Wunschobjekts surfen Sie zur Vereinbarung eines persönlichen Beratungstermins gerne auf: MeinImmobilientipp.de

Schlüsselübergabe – Wie finde ich den richtigen Mieter?

Wenn Sie ein Objekt endlich ihr Eigen nennen können und die Renovierungsarbeiten abgeschlossen sind, gilt es, den passenden Mieter zu finden. Wohnungsleerstand ist ein Begriff, den Sie getrost aus Ihrem Wortschatz streichen können, insofern Sie alle Parameter berücksichtigt haben, von denen in diesem Ratgeber die Rede gewesen ist.

Die Nachfrage an Wohnraum in den Einzugsgebieten der Städte, und auch darüber hinaus, nimmt stetig zu. Das einzige Problem, das Sie nun noch haben dürften, ist, aus der Vielzahl der Bewerber den richtigen Mieter auszuwählen. Da wir uns die Sache mit den Immobilien in diesem Ratgeber ja ganz praxisnah zur Brust nehmen, ich Ihnen mein sämtliches Wissen dazu ausbreite, möchte ich auch ganz kurz auf diesen Aspekt eingehen.

Nachdem Sie klassischerweise als Vermieter eine Wohnungsannonce geschaltet haben, mit möglichst aussagekräftigen Bildern, die Sie bei Sonnenschein aufnehmen sollten, und versehen mit allen relevanten Daten wie Quadratmeteranzahl, Netto- und Warmmiete, vereinbaren Sie Besichtigungstermine mit den Interessenten.

Am unkompliziertesten ist es, wenn der Bewerber bei der Besichtigung alle erforderlichen Unterlagen bereithält: Sie sollten einen Gehaltsnachweis verlangen, plus die Schufaauskunft.

In einer gesonderten Form der Auskunft können Sie entnehmen, ob gegen den Mietinteressenten in der Vergangenheit eine Wohnklage vorgelegen hat

Handelt es sich um eine arbeitssuchende Person, der Sie den Wohnraum zur Verfügung stellen wollen, können Sie veranlassen, dass die monatliche Miete direkt vom Arbeitsamt auf Ihr Konto überwiesen wird. Um Rückstände bei der Mietzahlung brauchen Sie sich dann nicht zu sorgen – das Amt zahlt immer und pünktlich.

Bei erwerbstätigen Personen sollte die Miete inklusive Nebenkosten 40 Prozent des Nettoverdienstes nicht überschreiten. Als ideal werden 30 Prozent angesehen. Bei Studenten als zukünftigen Mietern können Sie sich über eine verlangte Elternbürgschaft absichern.

Die praxisrelevante Sicherheitsfrage lautet: Haben Sie etwas dagegen, wenn ich mich mit Ihrem alten Vermieter in Verbindung setze?

Wenn der Interessent hier merkwürdig reagiert, sollten Sie Ihre Wahl überdenken.

Bedenken Sie: Als Vermieter bleiben Sie Privatperson. Sie sind nicht verpflichtet, jemandem bestimmtes die Wohnung zu überlassen. Sie können frei – ohne Angabe von Gründen – einen Interessenten gegenüber allen anderen Mitbewerbern vorziehen.

Als Vertragsgrundlage können Sie sich an einem Standart-Mietvertrag aus dem Internet orientieren, den Sie optional um ein paar Dinge ergänzen. So lässt sich etwa die Mietsicherheit von zwei oder drei Monatskaltmieten als beim Einzug fällige Kaution festlegen. Auch können Sie eine Mindestmietdauer vereinbaren und im Vertrag festschreiben. Ein weiterer Zusatz im Mietvertrag behandelt die fristlose Kündigung. In diesem Absatz können Sie festlegen, dass beispielsweise zwei nicht gezahlte Mieten hintereinander die fristlose Kündigung des Mieters nach sich ziehen.

Den absoluten ‚worst case', den Sie vermeiden wollen, ist die Räumungsklage.

Nachdem Sie alle Unterlagen gesichtet haben, hören Sie auch auf Ihr Bauchgefühl: Sagt Ihnen der oder die InteressentIn zu, haben Sie ein gutes Gefühl?

Um für den Fall der Fälle gewappnet zu sein, lohnt sich der Vergleich von speziellen Versicherungen gegen Mietnomaden. Der Abschluss einer allgemeinen Vermieterrechtsschutzversicherung bei einer privaten Rechtsschutzversicherung ist in jedem Fall anzuraten – allerspätestens bei mehreren Objekten!

Der 10-Jahres-Masterplan – So werden Sie selbst zum ImmobilienAdvisor

Ich hoffe, dieser Ratgeber wird Ihnen den Weg zur finanziellen Unabhängigkeit ebenen. Auf dieselbe Weise, wie ich mich Dank Immobilien von meinem Job verabschieden konnte, können Sie sich eine abgesicherte Zukunft aufbauen.

Sobald Sie mit Ihrem ersten Objekt gestartete sind, sollten Sie sich fragen: Möchte ich langfristig vermieten, oder verkaufe ich, sobald die Wertentwicklung dies hergibt?

Wichtig zu wissen: Drei Objekte innerhalb von fünf Jahren dürfen Sie als Privatperson verkaufen

Anderenfalls gelten Sie als gewerblicher Grundstückshändler und haben mit höherer Besteuerung zu rechnen. Daraufhin sollten Sie unbedingt das erweiterte Gespräch mit Ihrem Steuerberater suchen. Wenn ich mein eignes Vorgehen heranziehe, dann lässt sich dort ein Mittelweg erkennen. Manche Objekte stoße ich mit meinem Unternehmen unmittelbar nach der Renovierung, in einem zeitlichen Rahmen von drei Monaten, wieder ab – mit Gewinn selbstverständlich. Andere Wohnungen halte ich fest, um daraus monatliches passives Einkommen zu beziehen.

Vielleicht beschließen Sie auch, das erste eigene Objekt für drei Jahre selbst zu bewohnen?

Dies bringt den Vorteil mit sich, dass nach Ablauf dieser Zeitspanne der Verkauf steuerfrei ist. Bei vermieteten Objekten gilt dies erst nach vollen 10 Jahren. Entscheiden Sie sich dazu, längerfristig zu vermieten, sollten Sie nichtsdestotrotz das zweite Objekt in Angriff nehmen.

Beim Banktermin können Sie die bestehende

Mieteinnahme plus die zukünftige Mieteinnahme als Einkommen angeben, um einen zweiten Kredit zu erhalten. Bei der derzeitigen Zinslage ist diese Strategie mehr als vielversprechend. Sie wissen, worauf ich hinauswill: Machen Sie Schulden, und werden Sie reich. Bevor Sie zur Bank gehen, rechnen Sie Ihre zu erwartenden Mieteinnahmen durch: Die Einnahmen sollten möglichst 30 % über der monatlichen Abtragrate, also der Kreditrate, liegen. Ebenso viel wird die Bank in der Regel von den Mieteinnahmen herunterrechnen, um die Summe des neuen Kredits zu veranschlagen.

Wollen Sie Ihr Objekt verkaufen, müssen Sie in der Lage sein, der Bank dies als nachhaltigen Vorgang darzulegen. Das bedeutet insbesondere: Die Gewinnspanne muss die Steuern und sonstigen Kosten abdecken. Ich empfehle Ihnen nicht unterhalb eines zu erwartenden Gewinns von 30 - 40 % mit dem Gedanken an einen Verkauf zu spielen. Ein zu renovierendes Haus ist als Gesamtprojekt so umfangreich im Aufwand, dass mindestens 30.000 Euro Gewinn für Sie abfallen sollten.

Natürlich existiert eine Ausnahme, die auch ich mehrfach erlebt habe: Falls Sie auf ein neues Objekt mit vielversprechender Aussicht auf überproportionale Wertentwicklung stoßen, sollten Sie Nägel mit Köpfen machen – und das bisherige Objekt abstoßen, um einen neuen Kreditrahmen für das zweite Objekt zu erhalten. Damit vollziehen Sie einen simplen Sicherheitentausch: Sie verkaufen das eine Haus und belegen das neue mit dem Kredit. Für die Bank stellt dies kein Hindernis dar. Im angenommenen idealen Fall bedeutet das neue Objekt sogar mehr Sicherheit.

Was Sie selbstverständlich auf keinen Fall wollen: den Kredit ablösen

Anderenfalls wäre die Vorfälligkeitsentschädigung an die Bank zu leisten und Ihr Immobilienvorhaben ein weit weniger effizientes.

Ein außervertragliches Kündigungsrecht, um die Zinsschuld mit einer Einmalzahlung zu begleichen, besitzen Sie beispielsweise erst nach 10 Jahren Laufzeit. Anschließend würden Sie ohnehin den neuen Kredit aufnehmen; dieses Vorgehen machte also wenig Sinn.

In der Praxis läuft der gesamte Vorgang nun wie folgt: Sobald Sie zum Notar gehen, um das erste Haus zu verkaufen, muss das neue Objekt schon zum Kauf bereitstehen. Bei der Bank erklären Sie demnach, dass Sie Objekt A abstoßen und Objekt B erwerben, worauf Sie eine Zwischenfinanzierung bei der Bank erhalten. Auf diese Weise können Sie zuerst Objekt B kaufen und erst danach Objekt A verkaufen. Denken wir das ganze Spielchen weiter, werden Sie irgendwann ein Kreditlimit bei der Bank erreichen. Beziffern wir dieses einmal auf 1 Million Euro. Für diese Summe könnten Sie fünf Objekte besitzen, die Sie vermieten. Und das alles in einem zeitlichen Rahmen von circa fünf bis zehn Jahren. Von heute angerechnet.

Klingt das nicht äußerst erstrebenswert?

Das Ziel ist klar definiert: Lassen Sie sich Ihre Rente fremdfinanzieren – machen Sie Schulden und werden Sie reich!

Bei der herkömmlichen gesetzlichen Rente werden Sie noch ca. 50 % des letzten Nettoeinkommens zu erwarten haben. Die letzten 30 Jahre über lagen die Rentensteigerungen unter der Inflationsrate; unsere Rente wird real immer weniger.

Nachdem Sie mehr als 30 Jahre in die Rentenkasse eingezahlt haben, und bei einem Durchschnittsalter von 77 Jahren, beziehen Sie zum Ende Ihres Lebens hin zehn Jahre lang Rente und erhalten nicht mal das wieder, was Sie eingezahlt haben. Das ist in meinen Augen: Wahnsinn! Verlassen Sie sich nicht auf dieses überholte System.

Nehmen Sie Ihre Absicherung selbst in die Hand: mit dem Erwerb von Immobilien.

Und gehen Sie dabei so vor, wie ich es Ihnen in diesem Ratgeber ans Herz gelegt habe. Mietendeckel hin oder her, die Mieteinnahmen werden auch in Zukunft steigen, anstatt real zu fallen:

- Die Wertsteigerung Ihres Objekts wird voranschreiten.
- Lösen Sie sich von der Angst vorm Schuldenmachen.

Wenn Sie ein Objekt mit Bedacht auswählen, sind es keine Schulden, die etwas Bedrohliches mit sich bringen. Es ist eine Leihgabe seitens der Bank, die Ihnen eine unbeschwerte Zukunft ermöglicht. Ab der ersten Rate, die Ihr Mieter an sie zahlt, beginnen Sie damit, das Haus abzubezahlen. Die Investition in Ihre Zukunft beginnt!

Ein Objekt zu kaufen, mag für manche Menschen eine schwierige Entscheidung sein – nicht für Sie! Ganz objektiv ist es eine denkbar leichte Handlung.

Unter den richtigen Voraussetzungen wird das Gesamtpaket aus Immobilienerwerb, -renovierung, -vermietung und -verkauf Ihrem Wohlstand äußerst dienlich sein.

Den Einzigen, den Sie davon überzeugen müssen, sind Sie selbst. Niemand hält Sie davon ab, sich eine komfortable Zukunft zu ermöglichen. Und vergessen Sie niemals: Es ist nebensächlich, wie Sie bisher gelebt haben, oder aus welchem Elternhaus sie kommen. Nehmen Sie mich als Beispiel, den Sohn eines Migranten und einer alleinerziehenden Mutter.

Ich war der Auffassung, mit dem Beamtenstatus – dem Job als Lehrkraft – hätte ich weit mehr erreicht als mir irgendjemand zugetraut hätte. Zu Teilen stimmte dies ja auch. Doch das Ende meines Weges musste dieser Status nicht bedeuten. Im Gegenteil, es war erst der Anfang. Ich konzentrierte mich auf das Geschäft mit Immobilien, und es lief so hervorragend, dass ich nicht mehr als Lehrer zu arbeiten brauchte.

Ich erreichte die nächste Stufe. Ich wurde Unternehmer. Ich investierte, betrieb Vermögensaufbau und bezog später ein regelmäßiges, passives Einkommen. Heute brauche ich nicht mehr täglich zur Arbeit zu gehen, um ein Gehalt zu beziehen. Heute habe ich den Freiraum, mich neuen Aufgaben zu widmen.

Mein Herzensprojekt kennen Sie nun. Ich möchte so vielen Menschen wie möglich dabei helfen, den befreienden Sprung raus aus dem Hamsterrad zu vollziehen. Als ImmobilienAdvisor reiche ich Ihnen dazu herzlich gerne die helfende Hand!

Sie wissen, wo Sie mich finden: Ich freue mich auf Ihre Kontaktaufnahme.

Herzlichst,
Ihr Tayfun Taylor

Der ImmobilienAdvisor
MeinImmobilientipp.de

www.ingramcontent.com/pod-product-compliance
Lightning Source LLC
Chambersburg PA
CBHW030937240526
45463CB00015B/178